D1535043

Le livre des

PROVERBES QUÉBÉCOIS

Du même auteur :

Croyances et Pratiques populaires au Canada français, Les Éditions du Jour, Montréal, 1973.

Le p'tit almanach illustré de l'habitant, Les Éditions de l'Aurore, Montréal, 1974.

Le Livre des proverbes québécois, Les Éditions de l'Aurore, Montréal, 1974. (édition princeps)

Le Noyau, roman, Les Éditions de l'Aurore, Montréal, 1975.

Dictionnaire de la météorologie populaire au Québec, Les Éditions de l'Aurore, Montréal, 1976.

Magie et Sorcellerie populaires au Québec, Les Éditions Triptyque, Montréal, 1976.

Le livre des

PROVERBES QUÉBÉCOIS

Pierre DesRuisseaux

HURTUBISE HMH

*Le Conseil des Arts du Canada
a accordé une subvention pour
la publication de cet ouvrage.*

Maquette de la couverture :
Pierre Fleury

Illustration de la couverture :
« Un Canayen d'autrefois », dessin de
E. J. Massicotte, *in* Edmond J. Massicotte,
Nos Canadiens d'autrefois, Granger Frères,
Montréal, 1923, « Le retour de la messe
de minuit » (Gagnon, 741/M417N0).

Éditions Hurtubise HMH, Ltée
380 ouest, rue St-Antoine
Montréal, Québec
H2Y 1J9
Canada

Téléphone : (514) 849-6381

ISBN 0-7758-0132-1

*Dépôt légal/3 e trimestre 1978
Bibliothèque Nationale du Québec
Bibliothèque Nationale du Canada*

© Copyright 1978 pour la deuxième édition
Éditions Hurtubise HMH, Ltée

Imprimé au Canada

Paréceme, Sancho, que no hay
refrán que no sea verdadero,
porque todos son sentencias
sacadas de la misma experiencia,
madre de las ciencias todas...

Cervantes, *Quijote*

AVANT-PROPOS
DE LA DEUXIÈME ÉDITION

Cette deuxième édition du *Livre des proverbes québécois* (la première édition ayant paru aux Éditions de l'Aurore en 1974) comprend la totalité des énoncés contenus dans la première édition plus quelque quatre-vingt proverbes inédits, tous collationnés dans différentes régions du Québec au cours des dernières années. De plus, des corrections ont été effectuées qui faciliteront sans doute la lecture de l'ouvrage.

J'aurais espéré que cette deuxième édition eût paru plus tôt. Malheureusement il n'en fut pas ainsi, bien que la matière de ce livre ait été collationnée depuis quelque temps déjà. Mais les proverbes, heureusement, n'obéissent guère aux impératifs de l'actualité immédiate...

Bien qu'on ne puisse parler de contenu exhaustif à propos d'un dictionnaire de proverbes, j'ose espérer du moins que les ajouts qui ont été incorporés à cet ouvrage en augmenteront la valeur et l'utilité pratique. De la sorte risquera-t-il de susciter encore davantage d'intérêt pour ce phénomène que d'aucuns appellent, à tort ou à raison, notre sagesse collective.

PIERRE DES RUISSEAUX

INTRODUCTION

L'abbé Vincent-Pierre Jutras, dans une des premières pages de son manuscrit, *Le Parler des Canadiens français*, lance l'appel suivant:

> «... *qui sait si l'idée ne viendra pas à quelqu'un bien au fait de reprendre le sujet [des proverbes, des locutions proverbiales, etc.] et de le traiter à fond? Il me ferait bon de penser que mon travail aura pu contribuer à faire entreprendre sur un sujet de cette importance qui donnerait quelque chose de définitif et de vraiment satisfaisant.*»
> — Avertissement, p. 5

Je n'ai pas la prétention de croire que le présent ouvrage est exhaustif. D'autres énoncés, certes, pourront venir s'ajouter à ceux qui sont contenus dans ces pages. Il n'est pas non plus «vraiment satisfaisant» puisqu'il est susceptible de comporter bien des lacunes, des omissions involontaires de la part de son auteur. Mais à ce compte, rien n'est parfait. J'ai seulement voulu combler un manque qui me semblait par trop flagrant au niveau de la littérature orale ou populaire. En effet, rien ou presque rien n'a été entrepris chez nous en ce qui concerne l'étude de la culture populaire.

Il existe des dictionnaires de proverbes pour la plupart des pays. Il m'a semblé utile pour ne pas dire nécessaire qu'il y eut enfin un ouvrage consacré aux proverbes du Québec.

COMMENT

Par «proverbes québécois» — en ce qui concerne le titre du présent livre — j'entends évidemment tout énoncé de type proverbial utilisé au Québec, abstraction faite de son usage éventuel hors des limites du territoire. De plus, les proverbes contenus dans ce livre sont populaires, c'est-à-dire qu'ils sont utilisés, à quelques rares exceptions près, dans le langage commun et sur une base quotidienne.

Les proverbes de cet ouvrage proviennent de trois sources: 1°— cueillettes de l'auteur sur le terrain, 2°— archives, 3°— sources manuscrites diverses (livres, bulletins, almanachs). J'ai pris soin de m'assurer dans plusieurs cas, par des recoupements, que les proverbes et maximes provenant de sources écrites étaient utilisés oralement et de façon courante.

Les cueillettes sur le terrain se sont échelonnées sur quatre années, de 1970 à 1973 inclusivement, mais ont été effectuées plus particulièrement de juin à septembre 1970.

J'ai divisé le territoire en cinq grandes régions, soit: Abitibi, lac St-Jean et Charlevoix, Gaspésie, Cantons de l'Est, Montréal/ Québec et la Beauce. Les endroits précis où furent effectuées les cueillettes sont respectivement: Rouyn, Malartic (Abitibi), Saint-Fidèle, Saint-Aimé des Lacs (rive nord du St-Laurent), Saint-Gédéon (lac St-Jean), Manche d'Épée, Rivière-Madeleine, Petite-Vallée, Grande-Vallée, Val-Brillant (Gaspésie), Bromptonville, Sherbrooke (Cantons de l'Est), Montréal et environs.

J'ai tenté le plus possible de partager les informateurs en nombres égaux selon les divers groupes d'âge et de sexes. La quête d'informateurs se faisait de façon relativement simple: rencontrant les gens les plus en vue du village — lesquels sont souvent le curé, le maire, le marchand général ou l'épicier — il s'agissait de demander quels pourraient être les informateurs les plus valables, puis de s'enquérir auprès de ces derniers qui à leur tour, renvoyaient éventuellement à d'autres informateurs.

La méthode d'entrevue, qu'on pourrait appeler par association libre, consistait à citer deux ou trois proverbes déformés, en se référant à une source aussi vague que possible, ceci afin d'influencer le moins possible l'informateur. Ainsi: «... j'ai entendu dire par quelqu'un ce proverbe: «A cochon donné on ne regarde pas la dent» ou «Qui s'assemble se suit», à quoi, la plupart du temps, l'informateur enchaînait avec sa version du proverbe, et souvent d'autres proverbes d'utilisation courante. Parfois, lorsqu'il y avait deux ou trois informateurs réunis, s'engageait une espèce de concours, et c'était à qui citerait le plus grand nombre d'énoncés.

J'ai toujours pris soin de compléter par quelques questions appropriées les notes visant à dégager le contexte d'utilisation des proverbes et maximes. De plus, afin de préciser les renseignements recueillis, j'ai demandé à quelques informateurs de remplir un questionnaire, qu'on trouvera en annexe I. Toujours à propos du contexte, là où certains témoignages n'étaient pas corroborés par d'autres, ou encore semblaient trop vagues, je les ai tout simplement omis, quitte dans une réédition à compléter par des éléments nouveaux.

Bien que plusieurs auteurs aient souligné la nécessité de recueillir les données contextuelles des textes oraux, entre autres Malinowski (1935), Firth (1926) et E. Ojo Arewa/Alan Dundes («Proverbs and the ethnography of speaking folklore», *American Anthropologist*, vol. 66), trop peu d'anthropologues et de folkloristes se donnent la peine de joindre aux proverbes le contexte dans lequel ils s'insèrent. Certains vont jusqu'à omettre la signification généralement admise des proverbes, qui deviennent alors, dans plusieurs cas, totalement incompréhensibles au néophyte (par exemple: «Les roches parlent» — *Litt. orale*, p. 184). Ces omissions, en particulier celles qui ont trait au contexte, rendent des corpus entiers inutilisables et font que l'on se retrouve avec de longues listes d'énoncés, dont souvent le sens échappe, sans aucune indication de contexte ni parfois de provenance, qui ne sont tout juste bons qu'à former des «dictionnaires» amusants.[1]

[1] « The distinction between knowing and applying proverbs is of the utmost importance for folklore field work methodology. Specifically, it makes the difference between recording texts and recording the use of texts a critical one. Folklore is used primarily as a means of communication and it is as communication that it needs to be studied. Yet this is virtually impossible with the common practiced of recording just the texts alone, a practice consistent with the mistaken emphasis in folklore upon the lore rather than upon the folk. » — E. Ojo Arewa/Alan Dundes, « Proverbs and the ethnography of speaking folklore », *American Anthropologist*, vol. 66, p. 70.

J'ai essayé pour ma part, autant que possible, de joindre aux énoncés que j'ai recueilli la signification, le contexte d'utilisation, et parfois un exemple d'utilisation de l'énoncé dans une situation donnée.

Certains proverbes de l'ouvrage proviennent des Archives de Folklore (Université Laval, Québec), dont le directeur est M. Luc Lacourcière, et du Centre canadien d'études sur la culture traditionnelle (Musée National, Ottawa) dirigé par le docteur Carmen Roy[1]. Les collections inventoriées sont celles de Schmidt, Hamelin, Boily, Fournier, Marc-Régis, Sainte-Hélène de la Foi, Lavergne, Hare, Dulong, Laforte, pour les Archives de Folklore, et Dupont L.A. (m.s.), Landry, pour le Centre canadien d'études sur la culture traditionnelle. (voir à ce sujet l'annexe III)

L'auteur invite, en passant, tout commentaire en rapport au contenu de l'ouvrage.

Certes, nombre de données sont susceptibles de venir s'ajouter au contenu de ce livre, le rendant ainsi plus complet; c'est pourquoi le lecteur qui voudrait apporter sa contribution pourra le faire en transcrivant le questionnaire se trouvant à la fin de l'ouvrage et, ayant rempli ce dernier pour chacune des données qu'il voudra bien soumettre (proverbes, maximes, variantes), il pourra retourner le tout à l'auteur, aux soins de la maison d'édition (Éditions Hurtubise HMH, 380 ouest, rue St-Antoine, Montréal H2Y 1J9).

---

[1] Quant aux proverbes tirés d'ouvrages publiés, ils sont identifiés en annexe. Certains proverbes d'origine orale peuvent avoir été colligés par plus d'un auteur, aussi une référence apparaît-elle aux énoncés ayant été colligés dans d'autres ouvrages que le mien.

n'omettant pas d'indiquer son nom, son âge, sa profession, ainsi que son adresse. Toute donnée recueillie sera susceptible de venir s'ajouter à, ou encore mieux éclairer celles que nous possédons déjà.

Plusieurs types de classification auraient pu être adoptés pour la division du corpus. Chaque classification possède ses avantages et ses inconvénients par rapport à toutes les autres possibilités de division d'un texte. On ne peut classer d'une quelconque façon sans éliminer plus ou moins volontairement toutes les autres classifications possibles d'un corpus. Par exemple, on pourra choisir ses catégories classificatoires par rapport à la signification métaphorique du proverbe, ou à l'énoncé littéral, ou encore selon le thème qu'il exploite. Il sera possible aussi d'opérer la classification a priori, selon des catégories sociologiques, psychologiques, logiques, etc. ou bien au contraire, à posteriori selon le groupement «naturel» des données autour des idées-thèmes immédiatement identifiables au sein du corpus. C'est ce dernier type de classification qui a été adopté ici, puisqu'il semblait répondre mieux que tout autre à des critères d'objectivité relative, et ne pas trop forcer les textes. On remarquera parfois l'emploi de couples pour thèmes (chez soi /ailleurs, commencer /finir, maintenant / plus tard); leur usage semblait justifié là où il y avait jugement de valeur explicite entre deux réalités dichotomiques ou complémentaires.Ainsi «un tiens vaut mieux que deux tu l'auras» ira tout naturellement sous l'article «maintenant/plus tard».

QUOI

Si plusieurs définitions du proverbe et de la maxime ont été mises de l'avant par plusieurs auteurs, aucune ne semble rendre compte adéquatement de ces deux types de discours particuliers.

On *ressent* avant tout les «dires» et même si on pouvait en exprimer toutes les constantes stylistiques, rhétoriques, sémantiques, psychanalytiques, on resterait, certes, bien en deçà de leur contenu affectif, de ce qu'ils représentent concrètement dans la vie de tous les jours. Si «on peut déterminer la véritable signification d'un terme en observant ce qu'un homme fait avec, non pas ce qu'il en dit», (Bridgman, *The Logic of Modern Plysics*), toute définition du proverbe et de la maxime nous ramène finalement à l'usage qu'on en fait dans la vie courante.

C'est pourquoi je ne vais pas tenter ici de définir tous les caractères propres aux deux types d'énoncés en question mais m'en tiendrai seulement à quelques traits généraux.

«Proverbe — vérité d'expérience ou conseil de sagesse pratique et populaire commun à tout un groupe social, exprimé en une figure elliptique généralement imagée et figurée. () par extension. — petite comédie illustrant un proverbe. *Comédies et proverbes* de Musset [on a d'ailleurs joué de ces *proverbes* autrefois au Québec].

Maxime — règle de conduite, règle de morale; () appréciation ou jugement d'ordre général.»

(Le Robert)

On s'entend pour reconnaître au proverbe — par rapport à la simple phrase — des caractéristiques propres qu'il importe de définir explicitement.

Certaines particularités des proverbes sont identifiables à première vue: brièveté, expression d'une vérité banale et qui semble évidente (truisme), la plupart du temps vrai, possède un sens métaphorique de même qu'un sens littéral, populaire, traditionnel, contient des figures de style, anonyme, exprime certaines valeurs. [1]

Souvent, des énoncés présentés par les folkloristes et ethnologues comme proverbes n'en sont pas à proprement parler. C'est ainsi que l'on retrouve, associées aux proverbes, des locutions proverbiales (par exemple: *faire noces de chien* — «Proverbes à propos de noces», *Bulletin des recherches historiques, XXIX*), des croyances[2] ayant une forme rimée (par exemple: *noces de mai, noces mortelles, Idem*), de simples propositions qui n'ont aucun des caractères d'énoncés lapidaires, concis, qu'on reconnaît généralement au proverbe (par exemple: *l'argent gagné le dimanche vaut pas grand'chose* — *Civilisation traditionnelle des Lavalois*, p. 159) et des dictons qui, eux, ont trait spécifiquement à la météorologie populaire.

Par ailleurs, la principale distinction que l'on fait généralement entre proverbe et maxime réside en ce que le premier énoncé est métaphorique ou figuré tandis que le second est littéral.

---

[1] Pour des discussions techniques concernant le proverbe, voir: Whiting, «The nature of the proverb», *Harvard Studies in Philology and Literature*, 13, 1932, pp. 274-307, Milner, «De l'armature des locutions proverbiales, essai de taxonomie sémantique», *L'Homme*, IX, no. 3, juillet-sept.1969, pp. 49-70; Meleuc, «Structure de la maxime», *Langages*, no. 13, mars 1969, pp.69-99 (avec une bibliographie); Shimkin et Sanjuan, «Culture and world view: a method of analysis applied to rural Russia», *American Anthropologist*, vol. 55, 1953, pp. 329-49; Forster, *The Proverb and the Superstition defined*, thèse de Ph. D., Université de Pennsylvanie, 1968; Crépeau, *Proverbes du Rwanda*, thèse de M.A., Anthropologie, Université de Montréal, 1971.

[2] À ce propos, mon livre: *Croyances et Pratiques populaires au Canada français*, Éditions du Jour, Montréal, 1973.

Si la forme du proverbe mérite attention, son contexte de même que sa signification peuvent nous renseigner sur la fonction qu'il remplit à divers niveaux aux plans individuel et collectif. Car c'est en dégageant la structure contextuelle des proverbes populaires et en la comparant à leur structure interne qu'on pourra peut-être dégager les règles qui régissent depuis toujours leur application.

Y regardant de près, on ne peut manquer d'observer des points communs entre ce que Freud appelle les processus de travail du rêve: condensation, déplacement, figuration, et les caractéristiques du proverbe par rapport à la phrase commune. Cet aspect de la question des proverbes n'a jamais été, à ma connaissance, abordé jusqu'à aujourd'hui.

Les proverbes populaires apparaissent, par ailleurs, comme une sorte de langage culturellement ésotérique, codé, au sens où ils véhiculent des séries de messages culturels ou de valeurs, qui ne seront compris, à toute fin pratique, que par ceux qui, faisant partie de cette culture, connaîtront déjà la signification des proverbes utilisés (à preuve, il n'est qu'à essayer de comprendre la signification de proverbes rwandais ou bantous si on n'appartient pas à ces cultures: impossible). Le proverbe n'explique rien, il dicte. Il renvoie à des modes d'appréhension, de comportement déterminés au sein de la culture. Or, en ce sens, le proverbe s'apparente bien plus à un donné collectif à quoi le sujet adhère comme membre de la communauté qu'à un quelconque acquis empirique.

Les proverbes, compris au sens large, expriment collectivement au niveau verbal la relation existante entre les individus d'une société et le monde avec lequel ils sont en rapport. Plus précisément, les proverbes renvoient à des attitudes particulières, des manières de voir et de ressentir, des désirs et des craintes souvent inconscientes face aux événements et aux phénomènes de la vie de tous les jours. Même si les proverbes ne peuvent pas tout nous dire de ceux qui les utilisent, du moins peuvent-ils, en tant que partie verbalisée de la culture, éclairer des traits culturels, des caractères individuels et collectifs propres à une société donnée. Ils peuvent nous renseigner également sur le système de valeurs en usage au sein de la société.

TRAITS GÉNÉRAUX

On peut sans doute distinguer certains traits généraux en ce qui concerne les proverbes de cet ouvrage.

Il est à remarquer en premier lieu l'emploi de termes scatologiques dans de nombreux énoncés, ce qui se retrouve d'ailleurs dans toutes les littératures populaires et à toutes les époques.

Une attitude conservatrice, un «juste milieu» sont en outre des caractères communs aux proverbes de toutes les nations, et si tel précepte suggère directement ou indirectement le dynamisme, tel autre prêche une attitude contraire: «Qui risque rien n'a rien et qui n'a rien ne risque rien» mais «Qui risque tout perd tout». Bref, «dans le doute abstiens-toi» a toujours tendance ici à prévaloir sur toute autre attitude.

L'image de la femme apparaît assez favorable, au contraire de celle de l'homme. Ainsi, l'idée selon laquelle c'est la femme qui «porte les culottes» à la maison semble attestée par de nombreux proverbes. (voir: *SEXES*)

D'autre part, la santé a bien plus grande importance que la richesse et l'argent en général (par exemple, «santé passe richesse»). La pauvreté se trouve généralement valorisée pour celui qui en souffre (voir: MISÈRE). L'attitude est partagée face à l'argent. Tous s'entendent néanmoins pour dire que «l'argent ne pousse pas dans les arbres».

La justice semble avoir fort mauvaise réputation, du moins si on se fie à la conception populaire telle qu'exprimée au sein des proverbes d'utilisation commune.

En outre, chez nous, l'individualisme paraît répandu, toujours si l'on s'en tient aux énoncés que nous avons recueillis.

Et pour terminer, disons que le travail constitue également une valeur essentielle et est lié souvent à la notion de santé (par exemple: «Le travail c'est la santé»).

CONTENU DE L'OUVRAGE

Si des proverbes utilisés au Québec se rencontrent dans nombre de pays de langue française, cela ne permet pas, par contre, de conclure, pour la plupart des proverbes québécois, qu'ils sont d'un usage général. Loin de là. Seule une étude comparative poussée pourrait nous renseigner quant à l'étendue de l'utilisation des proverbes de cet ouvrage ailleurs qu'au Québec. De très nombreux proverbes, toutefois, ne se rencontrent qu'au Québec et au Québec seulement. Parfois, deux proverbes identiques prennent origine à deux endroits différents, et souvent aussi à des époques différentes, par suite de conditions objectives et d'expériences semblables d'individus et de collectivités qui pourtant, n'entretiennent aucun lien entre eux. Ainsi, un proverbe en usage au Québec pourrait se rencontrer ailleurs dans le monde sans qu'il y ait nécessairement, au point de vue historique, de relation causale entre les deux proverbes.

Certains proverbes utilisés ici sont universels, d'autres n'existent qu'au Québec, d'autres encore n'apparaissent que dans quelques régions du territoire québécois.

On remarque aussi, comme l'a d'ailleurs souligné le docteur Carmen Roy (*Litt. orale,* p. 182), que les énoncés adoptent souvent plusieurs formes plus ou moins rapprochées les unes des autres, selon les régions et même les individus, ce que montrent les nombreuses variantes, parfois, d'un même proverbe.

On trouvera dans le livre, outre les proverbes proprement dits, une liste des articles utilisés dans la classification (suivant immédiatement l'introduction) ainsi qu'une liste des abréviations.

Pour trouver un proverbe, on n'a qu'à consulter dans la dernière partie du livre la liste des énoncés, classée alphabétiquement d'après l'ordre des mots caractéristiques — en caractères noirs — y apparaissant. Il y a également un index général à la toute fin du livre, renvoyant aux numéros des énoncés.

Un petit glossaire, comprenant les mots peu ou pas usités de nos jours, permettra de mieux saisir le sens des proverbes dans lesquels ces mots apparaissent.

En annexe, il y a un échantillon du questionnaire utilisé pour la cueillette sur le terrain, grâce auquel j'ai pu recueillir divers renseignements précieux sur le contexte des énoncés. Ce questionnaire est inspiré de celui de Eleonor Anne Forster — *The Proverb and the Superstition defined,* thèse de Ph. D., Université de Pennsylvanie, 1968.

La seconde annexe a rapport au manuscrit inédit de M. l'abbé Vincent-Pierre Jutras, *Le Parler des Canadiens français,* achevé en 1917. J'ai relevé, dans *Le Parler des Canadiens français,* seulement les variantes de proverbes inclus dans le présent ouvrage, de même que les seuls énoncés qui ne sont rapportés que par l'abbé Jutras.

Le fait que le manuscrit en question ait été rédigé il y a plus de cinquante-cinq ans, et que de plus les renseignements nous manquent encore quant à la méthodologie de la cueillette ainsi que l'identité des informateurs, sans préjuger par ailleurs de la valeur de l'ouvrage, qui est remarquable pour l'époque, m'a seul décidé à lui faire une place à part.

L'annexe III concerne les sources des énoncés contenus dans le volume. Outre la liste des informateurs et une description sommaire de la toponymie et de la géographie des régions visitées, on trouvera, classés selon les régions de provenance, les numéros de plusieurs proverbes contenus dans ce livre. Une partie de l'annexe III renferme les références aux sources écrites et il y a renvoi à l'ordre des énoncés qui leur correspondent dans l'ouvrage.

En ce qui concerne la partie principale du livre, elle contient, certes, l'énoncé des proverbes, mais aussi leur signification, des notes explicatives rédigées à partir des réponses au questionnaire (voir l'annexe I) et des témoignages divers recueillis lors de la cueillette, les variantes s'il y a lieu, et souvent le contexte d'utilisation ainsi qu'un exemple d'une situation où le proverbe pourrait être employé.

REMERCIEMENTS

Je désire remercier les informateurs ainsi que tous ceux qui m'ont aidé lors de la cueillette sur le terrain, à qui je suis redevable de beaucoup, il va sans dire. M. Marcel Rioux m'a encouragé à poursuivre le travail et m'a aidé à obtenir l'aide financière requise pour effectuer la cueillette des données. Son enthousiasme et son amabilité toujours stimulante m'ont soutenu dans les moments les plus difficiles du travail. MM. Marcel Rioux et Réginald Hamel ont bien voulu lire le manuscrit et apporter d'utiles commentaires quant à son contenu.

Par ailleurs, M. Luc Lacourcière m'a aimablement permis de consulter les documents des Archives de folklore, dont il est le directeur. Il en est de même du docteur Carmen Roy, directrice du Centre canadien d'études sur la culture traditionnelle. À tous les autres dont les noms n'apparaissent pas et qui m'ont apporté leur aide à un moment ou à un autre, j'exprime ma plus profonde gratitude. L'aide du Conseil des Arts du Canada ainsi que du Ministère des Affaires culturelles du Québec a servi à défrayer une partie du travail.

P.D.

ABRÉVIATIONS[1]
des publications citées

Civ. trad.

Soeur Marie-Ursule, *Civilisation traditionnelle des Lavalois.*

Croyances et dictons

E.-Z. Massicotte, «Croyances et dictons des environs de Trois-Rivières», *J.A.F.*

Litt. orale

Carmen Roy, *Littérature orale en Gaspésie.*

Prov. ant.

Joseph Marowski, *Proverbes français antérieurs au XVe siècle.*

Prov. fran.

Le Roux de Lincy, *Le livre des proverbes français.*

Un trésor

Marthe Hogue, *Un trésor dans la montagne.*

[1]Pour le détail, voir la bibliographie.

PETIT GLOSSAIRE

Arlevée (no 275). Relevée (temps de l'après-midi). *Canadianisme:* Arlevée, arlovée, *Glossaire du parler français au Canada.* Voir également la note au bas de la page correspondante au proverbe.

Brailleur (no 393). Pleureur, pleureux, pleureuse (fém.). Dialectal, Brayeu: Pleurnicheur, Picardie, *Glossaire du parler français au Canada.*

Brasse (no 429). Ancienne mesure de longueur égale à cinq pieds, *Le Robert.* **Avoir du brasse:** avoir du toupet, avoir du front..., *Glossaire du parler français au Canada.*

Cacasser (no 354). Caqueter: c'est la poule qui pond qui cacasse, *Dictionnaire de la langue française au Canada.* Aussi **Cacassement:** Son imitatif du chant de la poule, *Dictionnaire historique de l'ancien langage françois.*

Cul-vent (no 430). Ne se trouve dans aucun des dictionnaires consultés. Anus. Procédé fréquent de caractérisation d'une réalité par l'action qui lui correspond le mieux. Ainsi: Peigne-cul, avare; Cogne-cul, voiture.

Fricot (no 336). Festin. Aussi: toute viande en ragoût (populaire), *Dictionnaire général de la langue française au Canada* et *Glossaire du parler français au Canada.*

Hanter (no 74). Fréquenter. «Garlande (Guéraude) est uns havenes de mer, uns des bien *hantés* de toute Bretagne.» (Froissart), *Dictionnaire historique de l'ancien langage françois.*

Noroît (no 466). Nord-ouest. Vent du nord-ouest.

Ricaneux (no 393).. Ricaneur. Qui rit pour peu de chose, *Glossaire du parler français au Canada.*

Taupin (no 441). Nom donné aux boeufs, *Glossaire du parler français au Canada.*

Vaisseau (no 405).. Terrine à lait: notre vache donne six vaisseaux de lait. Vase quelconque destiné à recevoir des liquides, *Dictionnaire général de la langue française au Canada.*

Verrat (no 281). Porc mâle, non châtré (Superlatif). Ex.: Il a chanté comme un **verrat,** très bien, *Dictionnaire général de la langue française au Canada* et *Glossaire du parler français au Canada.*

LES PROVERBES

TABLE DES RUBRIQUES

Le chiffre correspond à la page où se trouve la rubrique.

ABSENCE

1. **Un chien qui va à la chasse perd sa place.**
— Qui s'absente perd sa place.
Largement utilisé par les plus jeunes. Formule servant à se
justifier face à celui dont on a pris la place. Variante: «Qui
va à la chasse perd sa place».

2. **Qui va à la pêche perd sa chaise.**
Boutade familière apparemment dérivée de «qui va à la
chasse perd sa place».

3. **Qui laisse sa chaise l'hiver la perd.**
Même signification que les deux proverbes qui précèdent.

4. C'est aujourd'hui la Saint-Lambert
   Qui quitte sa place la perd ;
   C'est aujourd'hui la Saint-Laurent
   Qui quitte sa place la reprend.

La première partie de cette formule est employée par celui qui s'est accaparé la place d'un autre, quand ce dernier revient. La deuxième partie s'utilise alors en guise de réplique. La première partie de l'énoncé, qui, d'après Chassany (*Dictionnaire de Météorologie populaire*, Maisonneuve et Larose, Paris, 1970, p. 154), était à l'origine un dicton (« À la Saint-Hubert/ qui quitte sa place la perd » — Bretagne), signifiait dans son sens premier qu'à la fête de la Saint-Hubert, qui se célèbre le trois novembre, il est prudent de ne pas quitter la place que l'on occupe auprès du foyer, autrement dit que novembre marque le début de la saison froide.
Ernest Gagnon, « A bâtons rompus », *La Revue canadienne*, no 34, Cie de publication de la Revue canadienne, 1898, pp. 253-8, p. 255.

ABSTINENCE

5. **On ne dîne point quand on est de noces le soir.**
   Bulletin des recherches historiques, XXIX.
   — «On se prépare au plaisir par quelques temps d'abstinence.»
   «... quand on part pour les noces. (parce qu'on va dîner comme il faut aux noces)» P.-G. Roy, «Nos coutumes et nos traditions françaises», *Les cahiers des Dix*, no 4, 1939, p. 88.

5. **Ça ne se saoûle pas un cochon.**
bis — Un bon buveur ne se saoûle pas.
Formule que l'on adresse à celui qui boit beaucoup, «comme un cochon». Par ironie. Ainsi, offrant un verre à un bon buveur, on dira souvent: «Bois, bois... ça ne se saoûle pas un cochon!» (voir aussi le no 144)

ÂGE

6. **La valeur n'attend pas le nombre des années.**
— La valeur de quelqu'un n'est pas liée à son âge.

7. **La vérité sort de la bouche des enfants.**
Proféré à l'endroit de l'enfant qui dit franchement ce qu'il pense. Aussi, croit-on, ne faut-il pas trop parler devant l'enfant de peur qu'il aille rapporter nos paroles, souvent blessantes. Toute vérité n'est pas bonne à dire et parfois la vérité choque.

8. **Si jeunesse savait, si vieillesse pouvait.**
Axiome général. Dit souvent par les gens âgés confrontés à leur impuissance.

Prov. fran., II, p. 415: Si jeunesse sçavoit, / Si vieillesse pouvoit. (XVIe siècle)

9. **La jeunesse pour construire la vieillesse pour mourir.**

10. **Les voyages forment la jeunesse et déforment la vieillesse.**
Variation sur une maxime connue. Dit par les plus jeunes pour s'amuser.

11. **Un vieux rosier ne se transplante pas.**
— Une vieille personne ne peut changer ses habitudes de vie.

12. **Faut pas chier sur le clocher.**
— Il ne faut pas mépriser les vieillards.

13. **C'est pas parce qu'il y a de la neige sur la couverture qu'il n'y a plus de feu dans le poêle.**
— L'âge n'enlève pas la vigueur.
Boutade employée parfois par les gens d'un certain âge, et qui ont déjà les cheveux blancs, d'où l'allusion à la neige sur la couverture.

14. **On apprend à tout âge.**
Vérité bien connue.

AIDE

15. **Demandez et vous recevrez.**
«Parole d'évangile.» Dit indifféremment par celui qui accorde ou demande une faveur. Par exemple, pour justifier·la demande d'une faveur spéciale: «Demandez et vous recevrez.»

16. **On a souvent besoin d'un plus petit que soi.**
Formule qu'on retrouve dans les *Fables* de La Fontaine.

17. **L'aumône n'appauvrit pas.**
Connotation se rapprochant de «qui donne au pauvre prête à Dieu». Employé par celui qui pratique l'aumône ou en profite, généralement.

18. **La charité n'a jamais appauvri.**
Formule didactique dont font parfois usage les parents.

19. **Ce qu'on fait au pauvre, on le fait au bon Dieu.**
Exhortation à la charité, pour les bonnes âmes.

20. **Celui qui donne au pauvre prête à Dieu.**
Confirme que « les pauvres sont les amis de Dieu ».
On veut dire ainsi qu'un service rendu avec charité mérite toujours une récompense spirituelle. Variante : « Qui donne aux pauvres prête à Dieu. » — exergue du journal « La Tombola », publication officielle de la cassette des pauvres, Saint-Jean, 30 septembre 1890.

21. **Un service en attire un autre.**
Fleurs champêtre, p. 159.

22. **Peu d'aide fait grand bien.**
Litt. orale, p. 184.

23. **Ce qu'on laisse sur la table fait plus de bien que ce qu'on y prend.**

24. **Ça fait plaisir de faire plaisir.**

25. **On ne prie pas pour les descendants.**
— On n'a pas à aider ceux qui n'ont pas besoin de notre aide.
Sur les chantiers, autrefois, on n'avait souvent qu'à laisser descendre la charrette seule dans une côte, d'où le proverbe.

26. **Donnez de l'avoine à un âne, il vous pétera au nez.**
— Aidez quelqu'un pour mériter finalement son ingratitude.

Par celui qui souffre de l'ingratitude d'autrui.
Prov. ant., p. 13: Chantés à l'asne, il vous fera des pés.

27. Graisse les bottes d'un cochon et il te botte le cul avec.

Autrefois, dans les chantiers, les bûcherons portaient des bottes de cuir qu'ils faisaient sécher et qu'ils graissaient ensuite, le soir, afin de leur conserver leur souplesse. Parfois, certains faisaient graisser leurs bottes par d'autres et leur reprochaient ensuite d'avoir mal fait le travail, d'où le proverbe.

La version utilisée dans les écoles autrefois allait ainsi: «Graissez les bottes d'un vilain, il dira qu'on les lui brûle».

28. Fais du bien à un cochon et il viendra chier sur ton perron.

Employé par celui qui est mal remercié de son aide.
On dit également: «Donne à manger à un cochon et il viendra faire sur ton perron».

29. Faites du bien aux humains ils vous feront dans les mains.

Plus spécifique que le proverbe précédent. Parlant d'un ingrat. Variante: «Fais du bien à un vilain / il te chiera dans les mains».

30. Faites le bien et vous ferez des ingrats.

Version plus «savante» que celles qui précèdent, mais, semble-t-il, moins usitée.

ALTERNATIVE

31. Qui choisit prend pire.

Vérité morale. Utilisé par celui qui doit effectuer un choix difficile.

32. Il y a toujours anguille sous roche.

— Il y·a toujours une opinion contraire qui surgit inopinément.

Proverbe employé à propos de quelqu'un qui change souvent d'opinion. Ainsi, parlant d'un quelconque sujet, on dira ce proverbe pour signifier qu'il y aura toujours quelqu'un pour arriver avec une opinion contraire à autrui.

33. Faut jamais courir deux lièvres à la fois.

— Il ne faut pas tenter plusieurs entreprises à la fois.

Formule didactique. Variantes: «Vouloir tuer deux lièvres à la fois, tu les perds tous les deux»; «Couvrir deux lièvres à la fois, on les manque tous les deux.»

34. Il faut toujours avoir deux cordes à son arc.

— Il faut toujours avoir plusieurs possibilités devant soi.

35. Il n'y a que les fous qui ne changent pas d'idée.

— Tous ont intérêt à évoluer dans leurs idées.

Axiome souvent employé chez les jeunes gens. Ainsi, à celui qui s'étonne d'un changement brusque d'opinion, on dira: «Il n'y a que les fous qui ne changent pas d'idée.»

AMBITION

36. Il ne faut pas avoir
les yeux plus grands que la panse.

— Il ne faut pas trop en désirer.

Locution passée en proverbe. Généralement à propos de nourriture.

37. Quand la poche est pleine, elle renverse.
— L'ambition fait périr son homme.
À propos de quelqu'un de malhonnête qui se fait prendre par excès d'ambition.

38. L'ambition fait mourir son maître.
Vérité morale. Ainsi, à celui qui «ambitionne sur le pain bénit», on dit souvent cette formule.

39. Il ne faut pas ambitionner sur le pain bénit.
— Il ne faut pas trop vouloir obtenir de faveurs.
Ce proverbe fait allusion au pain que les paroissiens, autrefois, faisaient bénir en l'église tous les dimanches, et qui était ainsi censé acquérir des vertus bénéfiques.

40 Il ne faut pas mettre trop de fer au feu.
— Il ne faut pas trop en entreprendre.

41. Faute d'un point, Martin a perdu son bien.
Litt. orale, p. 183.
— Vouloir trop obtenir n'aboutit souvent qu'à une perte totale.
Fr.[1]: «Faute d'un point, Martin a perdu son âme.» Proverbe dont l'origine se situe apparemment au XVIe siècle (*c.f.* M. Maloux).

AMOUR

42. Chaque chaudron trouve son couvert.
— Chacun trouve le conjoint qui lui convient.

[1] indique un proverbe français.

En général, à propos de quelqu'un souffrant de quelque tare morale ou physique. Ainsi, on emploiera ce proverbe, par exemple, à propos d'une personne dépourvue de beauté, qui trouve quand même à se marier. Plus ou moins péjoratif. D'une femme habituellement. On dira plutôt pour un homme: «Chaque voyou trouve sa voyelle.» Variante: «Il n'y a pas de chaudron qui ne trouve pas son couvert.»

43. Un torchon trouve toujours sa guenille.

— Un vaurien trouve toujours une partenaire ou encore quelqu'un qui lui ressemble.
Péjoratif. Variantes: «À chaque torchon sa guenille.» «Il n'y a pas de guenille qui ne trouve pas son torchon.»

44. Un voyou trouve toujours sa voyelle.
Moins voilé que le proverbe précédent.

45. Les amoureux sont seuls au monde.

— Les amoureux ne se préoccupent guère de l'entourage. Axiome employé par les amoureux ou pour qualifier des amoureux.

46. Une maison sans feu est comme un corps sans âme.

— Un foyer sans amour n'en est pas un.
Prov. fran.: Maison sans flamme / corps sans âmes. (XVIe siècle)

47. Vaut mieux souffrir d'avoir aimé que de souffrir de n'avoir jamais aimé.

À l'occasion d'une peine d'amour, pour consoler. «Vaut mieux avoir aimé et perdu que de n'avoir jamais aimé du tout.» — Tennyson, *In Memoriam.*

48. L'amour fait le bonheur.

Maxime qui est assez rapprochée dans sa forme à «l'argent ne fait pas le bonheur», et qui pourrait s'inspirer de ce dernier énoncé.

49. Coeur content soupire souvent.

Maxime d'une série ayant même forme; ainsi: «Coeur amoureux soupire pour deux.» Etc.

50. Coeur amoureux soupire pour deux.

Aussi: «Coeur amoureux soupire souvent pour deux.» — *Civ. trad.*, p. 159.

51. Coeur qui soupire n'a pas ce qu'il désire.

— Celui qui ne se sent pas heureux ne cesse de soupirer. Observation commune. À propos de la fille ou du garçon ne trouvant pas de partenaire. Variante: «Coeur qui soupire n'a pas tout ce qu'il désire.»
Civ. trad., p. 159.

52. Qui trop embrasse manque son train.

— Qui désire trop quelqu'un le perd invariablement. Déformation évidente de «Qui trop embrasse mal étreint.» Parlant d'amour, en général.

53. Qui trop embrasse mal étreint.

— Qui désire trop quelque chose le retient mal. Par exemple, à propos d'une personne aimant trop son conjoint et souffrant d'une jalousie maladive.

54. Tout amour qui passe l'eau se noie.

55. Chanceux aux cartes, malchanceux en amour.
En guise de boutade, par les partenaires d'un joueur ayant de la chance aux cartes.

56. Malchanceux aux cartes, chanceux en amour.
Contrepartie de l'axiome précédent. Peut être inversé.

57. Il n'y a pas d'amour sans jalousie.
Employé, en général, par celui qui veut faire passer sa jalousie comme indice d'amour.

58. La haine meurt où l'amour naît.

59. L'amour est aveugle.
Constatation et aussi regret de voir quelqu'un aveuglé par un amour sans borne.

60. Tu ne peux pas empêcher un coeur d'aimer.
— On ne peut empêcher quiconque d'agir selon sa volonté. Employé, en particulier, à l'occasion de courses de chevaux. Ainsi, à celui qui mise sur un cheval que l'autre ne favorise pas, ce dernier, par dépit, emploiera l'axiome. Utilisé aussi dans d'autres situations pour signifier son impuissance à faire changer l'autre d'avis.

61. Quand on n'a pas ce qu'on aime on chérit ce qu'on a.
Parfois, faute de pouvoir atteindre l'objet de son désir, on doit se contenter de ce qui se trouve à sa portée. On dit aussi: «Quand on n'a pas ce qu'on veut, on prend ce qu'on a.» Ainsi, celui qui, ne pouvant s'acheter un piano devra se contenter d'un harmonica: «Quand on n'a pas ce qu'on aime on chérit ce qu'on a.»

62. Qui aime bien châtie bien.
— Punir est une marque d'amour.

Formule qui sert plutôt d'excuse aux parents pour punir un enfant malcommode.

63. La mère des filles n'est pas morte.

— Peine d'amour n'est pas mortelle.

Formule de consolation. Employé notamment par une mère à l'endroit de son fils en proie à une peine d'amour. Veut dire qu'il y aura toujours d'autres filles susceptibles d'être courtisées.

64. L'amitié, c'est l'amour en habit de semaine.

— L'amitié ne nécessite pas de grands frais comme l'amour et est quand même agréable.

Entre amis.

65. Ça commence par un baiser ça finit par un bébé.

Boutade familière. Littéral. Souvent, avertissement amical d'une jeune fille à l'endroit d'un garçon trop entreprenant.

66. On ne peut pas plaire à tout le monde et à son père en même temps.

Variante chez La Fontaine: «On ne peut contenter tout le monde et son père.»

67. Loin des yeux, loin du coeur.

— On oublie vite les êtres les plus chers lorsqu'ils sont absents.

À propos d'amitié ou d'amour.

68. Une de perdue, dix de retrouvées.

Cet axiome énigmatique s'emploie habituellement pour parler des femmes. Une femme perdue, il ne saurait tarder à s'en présenter de nombreuses autres. Pour consoler l'amoureux esseulé. Variante: « Une de perdue, deux de retrouvées. »

ANALOGIE

69. **Tel père tel fils**
    telle mère telle fille.
    Souvent, seule la première partie de cette maxime est employée. D'ailleurs, la seconde partie est, de toute évidence, un dérivé de «tel père tel fils.» *Litt. orale*, p. 184 et *Civ. trad.*, p. 159: Tel père, tel fils.

70. **À père avare fils prodigue.**
    — L'image du fils est souvent opposée à celle du père.

71. **Bon chien de chasse**
    tient de race.
    — Les bons enfants tiennent des parents.
    Descriptif. *Prov. franç.*, II, p. 73: Bon chien chasse de race.

72. **Bon sang ne peut mentir.**
    — On tient toujours de sa lignée.

73. **Qui s'assemble se ressemble.**
    Employé à l'occasion d'une réunion quelconque. Dans un groupe. Connotation défavorable, généralement. Se rapprocherait, mais à un sujet différent, de: Un voyou trouve toujours sa voyelle. Peut être inversé parfois dans l'usage courant.

74. **Dis-moi qui tu hantes, je te dirai qui tu es.**
    — On ressemble à ceux qu'on fréquente.
    Formule savante qu'utilisent souvent les adultes à l'endroit des enfants. Ainsi, voyant un jeune en compagnie d'amis, on croit pouvoir le juger d'après l'aspect de ces derniers. *Litt. orale*, p. 183.

75. **Une bonne vache laitière**
    peut donner de chéti' veaux.
    — De bons parents peuvent donner de mauvais enfants.
    Parlant d'un enfant difficile.

76. **On choisit ses amis**
    mais on ne choisit pas ses parents.
    — On n'est pas libre du choix de ses parents.
    Formule employée souvent pour excuser quelqu'un qui
    «tourne mal». Peut servir d'excuse à l'endroit d'un enfant
    que les parents maltraitent ou briment d'une quelconque
    façon. Employé souvent par les enfants.

77. **On ne trouve pas de colombes**
    dans un nid de corbeaux.
    — On ne trouve personne de valable dans un entourage
    pourri.
    S'applique surtout à l'égard d'un enfant qui provient d'une
    plus ou moins bonne famille. Variante: «Il ne sort pas de
    pigeons blancs d'un nid de corbeaux».

APPARENCE

78. **L'habit ne fait pas le moine.**
    — Les apparences sont trompeuses.
    Variante: «Ce n'est pas l'habit qui fait le moine.» — *Civ.*
    trad., p. 158.

79. **On ne juge pas l'oiseau à son habit.**
    — On ne juge pas quelqu'un par l'apparence.
    À propos de quelqu'un qui a mauvaise mine. Variante: On
    ne juge pas l'oiseau à son plumage.»

80. **On ne juge pas un crapaud à le voir sauter.**
    Précepte à observer. Ainsi, par exemple, une mère à sa

Planche 1 (71)

Bon chien de chasse tient de race.

Woodley, Edward Carruters, *Legends of French Canada*, Thomas Nelson and Sons Ltd, Toronto, 1931, illustrations de Kathleen Shackleton, p. 46.

fille, à propos d'un jeune homme qui ne paie pas de mine: «On ne juge pas un crapaud à le voir sauter.» Aussi: «On ne juge pas un crapaud à sa peau.»
Littérature orale, p. 184.

81. **Le plumage fait l'oiseau.**
— L'apparence dévoile la personne.
Va à l'encontre d'un autre proverbe connu (79).
Variantes: «C'est le beau plumage qui fait le bel oiseau.»
— *Litt. orale*, p. 183; «C'est le plumage qui fait le bel oiseau.» — *Civ. trad.*, p. 158.

82. **Sauvez les apparences et vous sauvez tout.**
Pour justifier l'attitude de celui qui s'appuie essentiellement sur l'apparence.

83. **Ce n'est pas le plumage qui fait l'oiseau.**
— Ce n'est pas l'apparence qui détermine la valeur de quelqu'un.

84. **L'air ne fait pas la chanson.**
— Les apparences sont trompeuses.
Exhortation à ne pas se former une opinion prématurée.
Variante: «L'air, c'est pas toute la chanson.» — «Le solarium», pièce radiophonique de André Ricard.

85. **Mains froides, coeur chaud.**
— Une apparence rébarbative cache un coeur d'or.
Civ. trad., p. 159.

86. **Si les roses ont des épines,
sous les épines se cachent les roses.**
Même signification que pour le proverbe précédent.

87. **Petite enseigne, gros magasin.**
— Une apparence peu flatteuse réserve parfois des surprises.

88. **Tout ce qui reluit n'est pas d'or.**
Variantes: «Tout ce qui brille n'est pas or» et «Tout ce qui brille n'est pas rose.» — *Civ. trad.*, p. 159; *Litt. orale*, p. 184.
Prov. fran.: N'est pas tot or ice qui luist,/ Et tiex ne puet aidier qui nuist. (*Roman de Renart*, XIIIe siècle)

ARGENT

89. **L'argent ne pousse pas dans les arbres.**
— L'argent est difficile à gagner.
Incitation à épargner, à ne pas dilapider inconsidérément sa fortune.

90. **L'argent ne rentre pas par la porte
mais sort par les fenêtres.** (sic).
— L'argent se gagne difficilement mais se dépense par contre avec facilité.
Par exemple, dans un ménage, récrimination de l'époux à l'endroit de son épouse dépensant à tort et à travers.

91. **L'argent ne fait pas le bonheur
mais contribue à la bonne humeur.**
La dernière partie de cette maxime est facultative et plus ou moins aléatoire. La plupart du temps, seule la première partie est utilisée. En réponse à celui qui dit que «L'argent ne fait pas le bonheur», on répliquera aussi, souvent: «mais ça ne fait pas le malheur non plus.»

92. **L'argent fait bien le bonheur.**
Axiome qui infirme l'énoncé précédent.

93. **Avec les sous on fait les piastres.**
— Les petites économies mènent aux grosses.

Variante: «Avec les cents on fait les piastres.» Incitation à l'économie, même minime. Utilisé par les parents à l'endroit des enfants.

94. Il faut se garder une poire pour la soif.

— Il faut se constituer une réserve en prévision des difficultés.

Se dit notamment d'une partie du salaire qu'il faut mettre de côté pour les imprévus.

95. L'or n'a pas d'odeur.

— L'argent n'a que faire de la morale.

Variante: «L'argent n'a pas d'odeur.» Dans le commerce, souvent.

96. Les affaires sont les affaires.

— En affaires, aucun passe-droit.

L'anglais dit: «Business is business.» En affaires, on doit faire abstraction de toute morale. Dit habituellement par celui qui est dans le commerce.

97. Quand une rivière grossit son eau se salit.

— La richesse augmentant, l'honnêteté diminue d'autant.

«Ce ( ) dicton s'applique surtout aux commerçants qui acquièrent trop vite la fortune, ce qui est toujours suspect aux yeux des habitants.» — Madeleine Ferron et Robert Cliche, *Quand le peuple fait la loi,* 1972, p. 96.

98. Perte d'argent n'est pas mortelle.

Formule de consolation à l'endroit de celui qui subit une perte financière. Employé aussi par celui-là même qui subit des revers de fortune.

99. Les bons comptes font les bons amis.
— Régler ses dettes entretient l'amitié.
Employé plutôt dans le commerce, par celui qui est remboursé d'une dette ou en rembourse une. Marque la satisfaction d'un acquittement.

100. Qui paie ses dettes s'enrichit.
— Qui paie ses dettes gagne en réputation.
Utilisé par le débiteur pour encourager le paiement de ce qui lui est dû. Dit notamment par le marchand au client qui lui doit une somme. Aussi en boutade: «Qui paye mes dettes m'enrichit.» Variante: «Celui qui paie ses dettes s'enrichit. — *Litt. orale*, p. 183.

101. Payez et vous serez considéré.
Utilisé dans le commerce.

102. Où commence l'emprunt finit l'amitié.
Employé par celui qui est réticent à prêter une somme. En affaires.

103. Le débit fait le profit.
Axiome utilisé dans le commerce. Veut dire qu'il vaut mieux vendre beaucoup avec moins de profit que peu avec un profit important.

104. Plus le diable en a, plus il veut en avoir.
Dupont, *Le Monde fantastique de la Beauce québécoise*, p. 95.
«— On n'est jamais assez riche.» — *idem*.

105. L'argent contrôle le pays.
Descriptif. Pour dire que l'argent exerce une influence omniprésente. Axiome qui exprime la dépendance économique.

106. **Où il y a de l'argent, les Juifs y sont.**
Figure populaire du Juif.

AUTORITÉ

107. **Pourquoi voir le vicaire quand on peut voir le Pape.**
— Pourquoi s'attarder aux intermédiaires quand on peut s'adresser directement à l'intéressé.
Ainsi s'exprimera, par exemple, l'employé qui désire s'adresser directement au patron plutôt qu'à ses subalternes.

108. **C'est plus facile d'obéir que de commander.**
Dit, semble-t-il, surtout par les femmes.

109. **Avant d'être capitaine, il faut être matelot.**
— Avant de commander, il faut obéir.
Normatif. Utilisé surtout par celui qui détient une certaine autorité. Employé notamment par les parents à l'endroit des enfants.

110. **Quand on est valet, on n'est pas roi.**
— Quand on est subalterne, on doit obéir.
Exprime le caractère inéluctable de la situation.

111. **Mieux vaut être tête de souris que queue de lion.**
— Vaut mieux être à la tête d'une petite entreprise que subalterne dans une grosse.

112. **Quand le chat est parti, les souris dansent.**
— L'autorité disparaissant, ceux qui la subissent en profitent.
Employé en général par les parents à l'endroit des enfants.
Didactique. Variante: «Quand le chat dort, les souris dansent»
Forme· française: «Absent le chat les souris dansent» (XVIe siècle).

113. **Dieu est parti, les enfants s'amusent.**
Énoncé ayant souvent trait à la météorologie: à propos d'une période de mauvais temps qui se prolonge.

114. **Voyages de maîtres, noces de valets.**
Bulletin des recherches historiques, **XXIX.**
— «Lorsque les maîtres sont en voyage, les valets font bonne chère.» *(id.)*
Serait employé, notamment, à propos des enfants qui, les parents partis, s'en donnent à coeur joie.

115. **À tout seigneur tout honneur.**
Sert à marquer la préséance.
Prov. fran., II, p. 98: À tous seigneurs tous honneurs. (XIIIe siècle)

BIENS

116. **Pierre qui roule n'amasse pas mousse.**
— Trop de changement empêche d'accumuler quoi que ce soit.

Constatation commune. En particulier à propos d'argent. Pour parler de celui qui ne tient pas en place et cumule successivement plusieurs emplois.

Proverbe déjà en usage dans la Grèce antique; cité par Lucien (125-92). *Civ. trad.*, p. 159; *Litt. orale*, p. 184. Comme l'indique le docteur Carmen Roy dans *Litt. orale*, la forme française du proverbe est identique à la québécoise. *Prov. fran.*, II, p. 495; Pierre volage ne queult mousse. (XIIIe siècle).

117. **L'abondance de bénédictions ne nuit pas.**
— Avoir une abondance de biens ne nuit pas.
Forme française : « Abondance de biens ne nuit pas. »

118. **Sauvez les meubles.**
— Sauvez le plus précieux.

BONHEUR

119. **Quand on est heureux
on fait tout pour être malheureux.**

120. **Pas de samedi sans soleil.**
Variantes : « Pas de samedi sans soleil ni de vieille sans conseil. » — *Almanach agricole et commercial Rolland,* Montréal, 1880, p. 18. « Il n'y a pas de samedi sans soleil ni de ville sans conseil. » — *Almanach agricole et commercial Rolland,* 1887, p. 24.

121. **Il vaut mieux rire que pleurer.**
S'emploie, par exemple, dans une situation dont le dénouement est inéluctable, et qu'il vaut mieux accepter avec sérénité que de mauvaise grâce.

CAUSE / EFFET

122. **Il n'y a pas de fumée sans feu.**
— Il n'y a pas d'indice sans cause.
Proverbe général. Péjoratif. Pour signaler quelque chose ou quelqu'un de louche. Variante: «Il n'y a jamais de fumée sans feu.»
Litt. orale, p. 184.
Prov. fran., I, p. 69: Feu ne fut oncques sans fumée.

123. **Chie le boeuf, il y a de la paille.**

124. **Tant va la cruche à l'eau tant elle se brise.**
— L'utilisation désordonnée des ressources mène à la catastrophe.

Employé plutôt par les gens instruits. Notamment, à l'égard de celui qui fait des extravagances.

Prov. fran.: Tant va le pot au puis que il quasse. (XIIIe siècle) Proverbe cité également par La Fontaine dans «Perrette et le pot au lait».

CHANCE

125. **Qui casse ses oeufs les perd.**
— Qui gaspille sa chance la perd.
Remontrance à l'endroit de celui qui a perdu son argent. Ainsi, lorsqu'on emploie mal son argent, on le perd. Peut aussi s'appliquer à d'autres situations.

126. **Quand on manque son coup une fois, on le manque trois fois.**
— Quand on rate une fois, on rate les fois subséquentes. Parlant de quelqu'un de particulièrement malchanceux.

CHEZ SOI / AILLEURS

127. **Une tartine de sirop chez nous est parfois meilleure qu'un bouquet ailleurs.**
— Ce qu'on possède, même si c'est peu, est préférable à quelque chose de plus beau ailleurs.

128. **Un petit chez nous vaut un grand ailleurs.**
Civ. trad., p. 159.
Variante: «Un petit chez soi vaut mieux qu'un grand chez les autres.» — *Litt. orale,* p. 185. Justifie souvent celui qui possède peu.

129. **Chaque oiseau trouve son nid beau.**
Litt. orale, p. 183.
— Ce qui nous appartient semble toujours meilleur.
Prov. fran., I, p. 188: À chacun oiseau son nid semble beau (XIIIe siècle); *Prov. ant.*, p. 1: À chacun oisel son ni li est bel.

130. **Personne n'est prophète dans son pays.**
Vérité générale. En guise de boutade, on dira pourtant à l'encontre de l'aphorisme: «Nul n'est trop bête en son pays.» Variante: «Nul n'est prophète dans son pays.»

131. **On marche toujours de travers sur un plancher qui nous appartient point.** (sic)
—On n'est jamais à son aise chez autrui.
Par exemple, un enfant qui revient à la maison familiale après le remariage de son père, et ne se sent plus chez lui: «On marche toujours de travers sur un plancher qui nous appartient point».

132. **Partir c'est mourir un peu.**
— Se séparer est toujours cruel.
Employé littéralement.

133. **Qui vient de flots s'en va de marée.**

COLÈRE

134. **Cochon, cochon et demi.**
— À salaud, plus salaud encore.
Version familière de la loi du talion.

135. **À bon chat, bon rat.**
— À malin, malin et demi.
Proverbe d'origine française. Chez nous, on préfère: «À cochon, cochon et demi» (familier) mais dans un sens quelque peu différent.

136. **Quand la mesure est comble, elle renverse.**
— Quand on en a assez, on se fâche.

137. **Quand la marmite bouille trop fort,**
ça finit par sauter.
— Quand la colère gronde trop, elle finit par éclater.
Une mère emploiera ce proverbe, par exemple, pour consoler sa fille à la suite d'une altercation de ménage.

138. **Quand la corde est trop raide, elle casse.**
— Quand la situation est trop tendue, elle éclate.

139. **Deux montagnes ne se rencontrent pas**
mais deux hommes se rencontrent.
Formule qui exprime la colère de celui qui l'emploie.
Prov. fran.; Les hommes se rencontrent et les montagnes non. (XVIe siècle)

140. **Qui sème le vent récolte la tempête.**
— Qui sème le désordre s'expose à des représailles.
Avertissement amical. Ainsi, par exemple, celui qui utilise la calomnie et la haine voit souvent celles-ci se retourner contre lui.

141. **On ne va pas à la guerre sans qu'il en coûte.**
— On ne sème pas la discorde sans en subir les conséquences soi-même.

142. **Chien hargneux a toujours l'oreille déchirée.**
Signifie que la hargne se retourne toujours contre son auteur.

143. **Mieux vaut laver son linge sale en famille.**
— Mieux vaut régler une querelle entre gens concernés.
Normatif. Employé notamment entre ceux qui ne désirent pas voir ébruiter une sale affaire, une querelle.
Variante: «Il faut laver son linge sale en famille.»

144. **La douceur vaut mieux que la rigueur.**
Étant doux, on est toujours assuré d'obtenir ce que l'on désire. Observations entre parents, à propos de la conduite à suivre par rapport aux enfants.

145. **On n'attire pas les mouches avec du vinaigre.**
— On n'obtient rien par la récrimination.

146. **On attire plus de mouches avec du miel qu'avec du fiel.**
— La douceur profite plus que la rigueur.
Par exemple, lors du règlement d'un malentendu, indique la satisfaction d'avoir agi avec tact.

147. **Il faut toujours remettre sa colère au lendemain.**
Litt. orale, p. 183.
— Ne jamais se fâcher précipitamment.
Pour calmer une dispute, souvent. Dit à l'endroit de celui qui se met en colère de façon précipitée.

148. **Qui en veut à son chien, on dit qu'il enrage.**

COLLECTIF

**149. L'union fait la force,
les coups font les bosses,
les bedeaux sonnent les cloches.**

Veut dire généralement que dans un travail d'équipe, il importe que chacun soit à sa place. Parfois, on emploie seulement la première partie ou encore les deux premières parties du proverbe. Variantes : « L'union fait la force, les coups de poing font les bosses » ; « Si l'union fait la force, la force fait les bosses. »

150. On n'a jamais gardé les cochons ensemble.

Ce proverbe est utilisé pour signaler à l'interlocuteur une trop grande familiarité de sa part. Indique une différence de statut. Employé pour faire savoir à l'autre qu'il faut garder ses distances, ne pas devenir trop familier, trop tôt. Variante : « On n'a pas gardé les cochons ensemble. » — « ...mêle-toi donc de tes affaires, Latour, on n'a pas gardé les cochons ensemble... » — Marcel Dubé, « Un simple soldat ».

151. Beaucoup sont appelés, peu sont élus.

Adage d'origine biblique, de toute évidence.

152. Mieux voient quatre yeux que deux.

— Deux personnes valent mieux qu'une seule.

153. Il y a plus dans deux têtes que dans une.

Vérité générale. Variantes : « Il y a plus d'esprit dans deux têtes que dans une » ; « Deux têtes valent mieux qu'une. »

154. **Rarement un, jamais deux, toujours trois.**
Notamment, pour inciter les enfants à s'amuser en groupe.
Variante: «Jamais un sans deux/ jamais deux sans trois.»

155. **Jamais deux sans trois.**
Pour parler d'une suite d'événements heureux ou malheureux.

COMMENCER / FINIR

156. **Tel on fait son lit, tel on se couche.**
— On finit comme on a commencé.
À ce même propos, une maxime: «Qui commence bien finit bien.» Ainsi, traditionnellement, on donne un conseil à la jeune fille: «Tel on prépare son mariage, tel on y vit.» Variante: «On se couche comme on fait son lit.»

157. **Quand on est né couillon, on couillonne.**
— Quand on est né misérable, on le demeure.
Se dit pour excuser la conduite d'un lourdaud ou, comme on dit communément, d'un flanc mou.

158. **Telle vie, telle fin.**
— On meurt comme on a vécu.
Employé, semble-t-il, surtout dans le clergé.

159. **Tel que tu es dompté, tel que tu y restes.**
— Tu es comme tu as été éduqué.

160. **On meurt comme on a vécu,
un doigt dans l'oeil et l'autre dans le cul.**
Composition à partir d'une maxime connue. Pour se moquer d'un fatalisme trop évident. Variante: «On meurt

comme on a vécu, un doigt dans l'oreille et l'autre dans le cul.» Parfois, seule la première partie est utilisée.

161. L'arbre tombe toujours du côté où il penche.
— On agit toujours selon ses inclinations.
Employé souvent par les curés, en chaire. Compris par les bûcherons comme vérité littérale.

162. Qui commence bien finit bien.
Commencer à point est déjà un gage de succès.
Pour dire que le résultat final est fonction d'un bon début dans toute entreprise.

163. Qui a bu boira, dans sa peau mourra le crapotte.
— Ivrogne un jour, ivrogne toujours.
Proféré souvent par l'entourage de l'ivrogne. Péjoratif. Par exemple, pour dire qu'il ne faudrait pas boire trop à l'occasion d'une fête ou d'une réunion quelconque. Aussi, pour dire qu'un événement qui s'est déjà produit, se reproduira. Qualifie habituellement un acte plus ou moins répréhensible aux yeux de la collectivité; notamment pour signifier qu'un voleur endurci aura toujours finalement quelque propention au vol.

Litt. orale, p. 184; *Civ. trad.*, p. 159.

164. Dans la peau mourra le crapaud.
— On meurt comme on a vécu.
Connotation péjorative. Veut dire qu'on ne peut changer de personnalité ou de façon de vivre.

165. Rien ne sert de courir, il faut partir à point.
Formule souvent utilisée dans l'enseignement. Le même axiome est cité dans «Le lièvre et la tortue»
— *Fables* de La Fontaine.

Planche 2 (161)

L'arbre tombe toujours du côté où il penche.

Julien, Henri, *Album*, Beauchemin, Montréal, 1916, « Défrichement »,
p. 22.

Planche 3 (163)

Qui a bu boira.

Fréchette, Louis, Beaugrand, Honoré, Stevens, P., *Contes d'autrefois*,
Beauchemin, Montréal, 1946, illustrations d'Henri Julien, p. 56.

Planche 4 (173)

Que celui à qui le bonnet fait le mette.

Rouleau, C. E., *Légendes canadiennes*, Imprimerie du Soleil, Québec,
1901, illustrations de J. A. Ferland, p. 49.

CONNAISSANCE

166. Qui ne sait rien de rien ne doute.
Cité dans les *Fables* de La Fontaine.

167. Une personne avertie en vaut deux.
Vérité didactique.

168. On apprend toujours à ses dépens.
L'expérience, dit-on parfois, est la somme de ses erreurs, d'où, sans doute, cette maxime.

169. Pour apprendre à lire, il faut aller à l'école.
— Pour apprendre, vaut mieux s'adresser aux gens d'expérience.
L'expérience des plus vieux est toujours une leçon pour les jeunes.

170. Étudier vaut mieux qu'ignorer.
Maxime savante. Expliquerait peut-être cette autre maxime populaire: «L'ignorance, c'est comme la science, ça n'a pas de borne.»

171. À penser on devient pensu.
— À trop penser on se perd.
Invitation à ne pas trop réfléchir inutilement.

CULPABILITÉ

172. Que celui qui se sent morveux se mouche.
— Que celui qui se sent visé en prenne son parti.

173. Que celui à qui le bonnet fait le mette.
Même signification que le proverbe précédent.
Accompagne, la plupart du temps, une réprimande voilée.
Version savante d'une formule plus usitée chez nous: «Si le chapeau te fait, mets-le.

DESTIN

174. Autant en emporte le vent.
— Tout s'oublie avec le temps.
Version anglaise: «Gone with the wind.»

175. Advienne que pourra.
Adviendra ce qui doit advenir. Si ça ne va pas aujourd'hui, ça ira mieux demain. Résignation. Formule qui sert parfois à encourager.

176. Arrive qui plante.
Signification présumément identique à «advienne que pourra».
«Eh bien, tant pire; puisque c'est comme ça, que le bon Dieu soit béni! Arrive qui plante, je m'en mêle pus! que fit la vieille en s'en allant.» — Louis Fré-

chette, *Contes de Jos Violon,* Éditions de l'Aurore, 1974.

177. À la guerre comme à la guerre.
— Nécessité fait loi.

Dans une situation délicate, on agit comme on peut et non comme on veut. Par exemple, n'ayant pas les outils nécessaires pour une tâche, on se débrouillera avec ceux que l'on a sous la main: «À la guerre comme à la guerre.»

178. Qui vivra verra.
— L'avenir dira qui a raison.

Employé, en particulier, par celui qui croit avoir raison. Ainsi, prédisant la défaite du présent gouvernement lors des prochaines élections: «Qui vivra verra.»
Litt. orale, p. 184.

179. Laissons péter le renard.
— Attendons les événements.

180. Tout ce qui monte doit redescendre.
Vérité générale.[1]

181. La responsabilité monte et ne descend pas.

182. Il y a un temps pour tout.
— Chaque chose en son temps.

Incitation à se conformer à la règle, à ne pas forcer les événements. Shakespeare: «There's a time for all things.»
— *Comedy of Errors.*

---

[1] Monsieur le professeur Marcel Rioux, qui a déjà effectué de nombreuses enquêtes ethnologiques à travers le Québec, m'affirme que cette formule possède une connotation sexuelle dans certains de ses usages. On l'emploie également dans un sens moral.

183. **Chaque chose en son temps.**
Signification et usage identiques à l'axiome précédent. A un sens qui se rapproche de «Il ne faut pas mettre la charrue devant les boeufs.» Ainsi, pour le cultivateur, par exemple, chaque opération devra s'effectuer seulement lorsque son temps viendra. L'important est de ne pas brûler les étapes.

184. **Quand le fruit est mûr, il tombe.**
— Quand le moment est venu, ce qui devait arriver arrive.

185. **Dieu frappe d'une main et récompense de l'autre.**

186. **Dieu châtie ceux qu'il aime.**
Maxime en usage dans le clergé. Justification au malheur.

187. **L'homme propose et Dieu dispose.**
Dieu, communément, a toujours le dernier mot.
Expression de la toute-puissance de la volonté divine sur le destin de l'homme.

188. **Soignez un rhume, il dure trente jours,
ne le soignez pas, il dure un mois.**
— Rien ne sert de s'agiter inutilement, il faut laisser agir le temps dans tout.

DIFFICULTÉ

189. **Il ne faut pas tuer son chien
parce que l'année est mauvaise.**
— Ne pas tout abandonner suite à une difficulté passagère.

190. **Il n'est pas permis de tuer le chien pour sauver la queue de la chatte.**
Il ne faut pas trop désavantager l'un pour avantager quelque peu l'autre.

191. **Il ne faut jamais mettre la voile dans la tempête.**
Litt. orale, p. 184.
— Il ne faut jamais prendre panique dans une situation adverse.

192. **Puisque le vin est servi, il faut le boire.**
Civ. trad., p. 159.

193. **Quand on est à l'eau, il faut nager.**
— Quand on est en situation, il faut se débrouiller. Se dit, notamment, quand on a fait une bévue qu'il s'agit de réparer.

194. **Il n'y a que le premier pas qui coûte.**
— Formule d'encouragement proférée à l'endroit de celui qui doit accomplir un acte difficile.

195. **Aux grands maux les grands remèdes.**
— Aux problèmes difficiles, il faut des solutions appropriées.

196. **La faim fait sortir le loup du bois.**
— La nécessité oblige à agir.
Version littéraire:
«Nécessité faict gens mesprendre /E faim saillir le loup des bois.» — Moncorbier *alias* François Villon (1431-65).

197. **Un malheur en attire un autre.**

198. **Quand le malheur entre dans une maison, faut lui donner une chaise.** (sic)
— Quand le malheur survient, il persiste longtemps.

199. **À quelque chose malheur est bon.**
Le malheur, en fin de compte, profite toujours, quels que soient ses effets.

200. **Quand le feu prend à la maison,
les souris sortent.**
— Dans la détresse, tout se découvre.

201. **Sauve la graisse, les cortons (cretons) brûlent.**
— Dans la détresse, sauver le principal.

202. **La croûte avant la mie.**
— La difficulté passe avant la facilité.

DON

203. **Donner tout de suite, c'est donner deux fois.**
Formule d'origine latine.

204. **Qui donne à l'Église donne à Dieu.**
Parlant de la quête durant la messe. Version «cléricalisée»,
si on peut dire, de «Qui donne aux pauvres prête à Dieu.»

205. **On aime mieux donner que recevoir.**
Axiome qui paraît trouver écho surtout chez les femmes.

206. **À cheval donné on ne regarde pas la dent.**
— Il ne faut pas rechigner sur un don.
La qualité des dents du cheval indique son âge. Ainsi, ce
proverbe voulait dire à l'origine qu'à un cheval donné, on
ne regarde pas l'âge. On dit également: «Cheval donné on
ne regarde pas la bride.» — *Litt. orale*, p. 183. Ce proverbe
s'emploie à l'endroit de celui ou celle qui semble insatis-
fait(e) d'un cadeau reçu.
Prov. fran., I, p. 160: Cheval donné ne doit-on en dens
regarder. (XIIIe siècle). Également: Cheval donné ne doit-
on en bouche garder. — *Prov. ant.*, 113. (Cité dans *Litt.
orale*)

Planche 5 (196)

La faim fait sortir le loup du bois.

Fréchette, Louis, Beaugrand, Honoré, Stevens, P., *Contes d'autrefois*,
Beauchemin, Montréal, 1946, p. 130.

EXPÉRIENCE

207. Expérience passe science.
Almanach des cercles agricoles, 1894, p. 40.

**208. Ce n'est pas aux vieux singes
qu'on apprend à faire la grimace.**

— On ne peut en montrer aux gens d'expérience.
Proverbe utilisé par les plus vieux à l'endroit de gens
moins expérimentés qu'eux et qui pensent néanmoins
leur en montrer.

209. C'est en forgeant qu'on devient forgeron.
— C'est en travaillant qu'on acquiert de l'expérience.

210. Rien comme les vieux ciseaux pour couper la soie.

— Pour les travaux délicats, rien comme l'expérience.
Variante: «Vivent les vieux ciseaux pour couper la soie».
(sic) — *Litt. orale*, p. 185. Dit souvent par les vieillards aux plus jeunes.

211. Le temps, ça ne fait pas des sages, que des vieillards.

«Quand on est sans dessein jeune, on reste sans dessein vieux.» — Un informateur.

212. Chat échaudé craint l'eau froide.

— Une personne ayant subi une expérience désagréable augmente de prudence.
On dit également: «Chatte échaudée craint l'eau frette» (sic) — Gaspésie. Par exemple, une personne qui demanderait conseil à celle qui a déjà été trompée, cette dernière lui répondrait: «Chat échaudé craint l'eau froide.» *Litt. orale*, p. 185. *Prov. fran.*, p. 155: Chat eschaudez iaie creint. (XIIIe siècle)

FAUTE

213. **Qui casse les vitres les paye.**
— Qui commet une faute en accepte les conséquences.
Employé souvent par les parents à l'endroit des enfants.

214. **Faute avouée est à moitié pardonnée.**
Employé par celui qui accorde son pardon. Pour dire
que l'on pardonne plus facilement à celui qui avoue
franchement sa faute. Variante: «Péché avoué est à
moitié pardonné.»

215. **Défaut reconnu
est à moitié pardonné.**
— De prendre conscience d'une tare quelconque permet pour une grande part d'y remédier.

216. Vaut mieux se tromper que de s'étrangler.
— Vaut mieux avouer s'être trompé que de se perdre en persistant dans l'erreur.

217. Crache en l'air, tombe sur le nez.
— On subit toujours les conséquences de ses actes.
Récrimination à l'égard d'un acte ou d'une parole répréhensibles. Par exemple, de qui vole ou ment de façon éhonté, on dira volontiers: «Crache en l'air, tombe sur le nez.» Normatif. Variantes: «Qui crache en l'air ça lui retombe sur le nez.» ou «Quand on crache en l'air, ça nous tombe sur le nez.»

218. Les ruses du diable sont coudues (cousues). (sic)
Les ruses malhonnêtes sont facilement éventées.

219. On ne va point aux noces sans manger.
Bulletin des recherches historiques, **XXIX.**
— «Il faut accepter les conséquences d'une position.» (*idem*).
On n'accepte rien sans en accepter aussi les conséquences.

220. Erreur n'est pas compte.
— Une erreur est toujours réparable.
Généralement, par qui commet une quelconque faute.
Ainsi, par exemple, dans une conversation, quelqu'un se trompe et on le lui fait remarquer; «Erreur n'est pas compte» dira-t-il, voulant signaler le peu de gravité de son erreur.
Litt. orale, p. 183.

221. L'erreur est humaine.
Employé souvent pour excuser une faute.

222. Tu meurs toujours par où tu as péché.
Proverbe ayant parfois une connotation sexuelle.
Pour parler de quelqu'un ayant quelque faute à se
reprocher, surtout au point du vue sexuel ou à propos d'argent. Dans le premier cas, constitue plus ou moins une
boutade. Dans le second cas, est une nette formule de ré-
probation. En usage surtout entre adultes.

FIN/MOYENS

223. Pour arriver à ses fins,
tous les moyens sont bons.

224. Qui veut la fin veut les moyens.
La fin trouvée, il s'agit de prendre les moyens pour y
arriver. Veut dire que tous les moyens sont bons pour atteindre la fin convoitée.

225. Il y a toujours moyen de moyenner.
— On peut toujours se débrouiller.
Axiome d'utilisation courante qui est aussi, par ailleurs,
le titre d'un film (réalisé par Daniel Héroux) qui fut très
populaire.

226. Beau chemin ne rallonge pas.
— La facilité n'enlève rien à la valeur.
Sert à se justifier souvent d'avoir opté pour le plus facile.

227. Les meilleurs chemins
sont toujours les plus courts.
— Les meilleurs solutions sont toujours les plus simples.

228. Tous les chemins mènent à Rome.
— Il y a plusieurs façons d'arriver à un même résultat.
Proverbe d'origine européenne, de toute évidence.

**229. Quand les filles sont mariées,
on trouve des marieux.**
— Quand tout est terminé, les solutions, naturellement,
s'offrent d'elles-mêmes.
Version française: Quand notre fille est mariée nous
trouvons trop de gendres.

FOLIE

**230. Heureux les creux
car le royaume des cieux est à eux.**
Formule parodiant une vérité biblique: «Heureux les
pauvres car le royaume des cieux est à eux.» Pour se moquer de l'imbécillité apparente de quelqu'un. Dans plusieurs versions, le «car» est omis.

**231. Quand les cochons sont saouls,
ils fouillent dans l'auge.**

232. Les cochons sont saouls (l'un)
les truies s'en plaignent. (l'autre)
Jeu de réplique amusant. La première partie est dite par
l'homme qui a un rapport ou un gaz, la dernière partie par
une femme, généralement. Si c'est, au contraire, une
femme qui est en cause, il y a inversion: «Les truies sont
saoules, les cochons s'en plaignent.»

233. Les fous ne sont pas tous dans les asiles.
Taquinerie. Formule qui est parfois interprétée comme
une insulte par celui à qui elle est adressée.

234. Il y a plus de fous en liberté qu'enfermés.
Complémentaire à l'axiome précédent.

**235. Les caves ne sont pas toutes
en-dessous des maisons.**
Moquerie familière, à double sens.

236. Les nouilles ne sont pas toutes dans la soupe.
— Les imbéciles ne sont pas toujours là où l'on pense.
En guise de boutade. Récrimination voilée.

237. Les cornichons ne sont pas tous dans les pots.
Même sens que la formule précédente.

238. À sotte question pas de réponse.

IGNORANCE

239. **Courte mémoire a bonne jambe.**
— Une mémoire défaillante oblige à des démarches supplémentaires.
À propos d'une personne ayant une mémoire défaillante.

240. **L'ignorance, c'est comme la science,
ça n'a pas de borne.**
Maxime savante.

241. **La nuit tous les chats sont gris.**
— Dans l'ignorance, toutes les versions se ressemblent.
Allusion à l'endroit de quelqu'un qui tente de dissimuler quelque chose dans une conversation. Variante: «La nuit tous les chats sont noirs.»

S'applique également à propos d'activités louches.
Dans ce cas, signifie que tous ceux qui participent sont indistinctement coupables. Variante: «À la nuit noire tous les chats sont de la même couleur.»
— *Litt. orale,* p. 182.

IMPATIENCE

242. Il ne faut point compter ses poulets avant qu'ils soient éclos.
Même signification que le proverbe qui suit.

243. Il ne faut pas vendre la peau de l'ours avant de l'avoir tué.
— Il ne faut pas crier victoire avant d'avoir atteint le but.
Proverbe général.
Civ. trad., p. 159.
Prov. fran., I, p. 191: Il ne faut marchander la peau de l'ours devant que la beste soit prise et morte. (XVe siècle)

244. Il faut vendre la peau de l'ours avant de l'avoir tué.
Signification opposée à celle du proverbe précédent.

245. Il ne faut pas faire la corde avant le veau.
Civ. trad., p. 159.
— Il ne faut pas brûler les étapes.
Variantes: «On ne doit jamais faire la corde avant d'avoir le veau.» — *Litt. orale,* p. 184; «Faut pas faire la corde avant l'veau.»
«Lorsque le terme approchait, pas trop tôt cependant, car selon le dicton: «Faut pas faire la corde avant l'veau», elle préparait le trousseau, mais seulement le

soir lorsque les enfants dormaient.» — Louis Morin, *Les étapes de la vie des paroissiens de Saint-François.*

246. **Ne mets jamais la clôture avant de planter les piquets.**
Signification identique à celle du proverbe précédent.

247. **Il ne faut pas préparer le poêle avant d'avoir le poisson.**
J.-C. Dupont, *Le forgeron et ses traditions*, p. 200.
— Ne pas agir avant d'être certain.
«Ne pas allumer le feu avant d'avoir un client» *(idem)* (parlant du feu de la forge).
Civ. trad., p. 159.

248. **Il ne faut pas aller plus vite que le violon.**
— Il ne faut pas brûler les étapes.
Normatif. Variante: «Il ne faut pas aller plus vite que le temps.»

249. **La nuit porte conseil.**
Proféré notamment à l'endroit de celui qui est en proie à la colère, pour le calmer. Aussi, pour dire qu'il vaut mieux s'accorder une période de réflexion avant de prendre une décision importante.

250. **Il ne faut pas aller trop vite en besogne.**
— Il ne faut pas trop se presser.

251. **Il ne faut pas mettre la charrue devant les boeufs.**
Variante: «Il ne faut pas mettre la charrue en avant des boeufs.»

252. **Celui qui mange son bien en harbe** (herbe) **à la fin mange de la marde.**
Litt. orale, p. 183.

Planche 6 (243)

Il ne faut pas vendre la peau de l'ours avant de l'avoir tué.

Fréchette, Louis, Beaugrand, Honoré, Stevens, P., *Contes d'autrefois*, Beauchemin, Montréal, 1946, illustrations d'Henri Julien, p. 68.

— Celui qui veut tirer profit hâtivement risque de tout perdre.

Pour dire qu'il faut attendre le temps voulu pour tirer profit de son labeur.

253. **Grand feu de paille n'a rien qui vaille.**
— Un excès soudain mais de courte durée est inutile.
Par opposition à la patience et la ténacité dans l'effort.

254. **Le rossignol ne fait pas le printemps.**
— Un seul indice ne prouve pas le fait.
Proverbe d'origine européenne.

INDIVIDUALITÉ

255. **À chacun son dû.**
— Chacun reçoit finalement ce qui lui revient en droit.

256. **Chacun dans son verre.**
— Chacun doit s'occuper de ce qui le regarde.
Consigne souvent proférée.

257. **Mon verre n'est pas grand
mais je bois dans mon verre.**
— Même si on ne possède pas beaucoup, on s'en contente.
Allusion indirecte à ceux qui «boivent dans le verre des autres», c'est-à-dire qui se font entretenir ou vivent en parasites.

258. **«Me, myself and I.»**
— Moi seul compte.
Proféré en général par celui qui désire s'en tenir à lui-même sans avoir à se charger des autres. De l'américain; littéralement: «Moi, moi-même et je.»

259. Chacun sent son mal.

En voulant dire qu'il n'y a que celui qui souffre qui connaît vraiment la cause de sa souffrance.

Par extension, invitation à ne pas s'occuper des problèmes d'autrui.

260. Le soleil reluit pour tout le monde.

— La chance est égale pour tous.

Dit généralement par celui qui profite de la chance.

261. Ça prend toute sorte de monde pour faire un monde.

— Il en faut de tous les genres.

Observant, par exemple, un promeneur drôlement accoutré et s'adressant à un interlocuteur, on pourra proférer cette formule.

262. On n'est pas juge dans sa propre cause.

— Personne n'est impartial pour ce qui est de son propre cas.

Vérité normative. Peut vouloir dire dans certains cas que l'on n'a pas à se juger soi-même.

**263. Il ne faut pas laisser voir
ce qui bout dans sa marmite.**

— Il ne faut pas dévoiler tous ses secrets.

Pour dire qu'il vaudrait mieux garder ses préoccupations pour soi plutôt que de les dévoiler à tout venant. Proverbe complémentaire : « On ne sait pas ce qui bout dans la marmite du voisin. »

**264. Chacun son métier
et les vaches seront bien gardées.**

— Chacun s'occupant de ce qui le regarde, tout va bien.

On retrouve le même proverbe chez Alphonse Daudet, «La chèvre de monsieur Séguin», *Contes de mon moulin.*

265. Chacun ses qualités, chacun ses défauts.

— Personne n'est parfait.

Pour dire qu'il vaut mieux laisser chacun à son propre sort et ne pas se laisser aller à juger les autres.

266. Si tu es propre, on le verra par le seuil de ta porte.

— La propreté s'observe et se pratique chez soi d'abord. Au sens figuré: s'occuper de ce qui nous regarde permet d'éviter bien des ennuis.

267. Les Américains sont devenus riches à se mêler de leurs affaires.

— On doit se mêler de ce qui nous regarde individuellement.

Proféré à l'endroit de celui qui se mêle de ce qui ne le regarde pas.

268. On ne sait pas ce qui se passe dans le ventre du bedeau.

— On ne sait pas ce qui se trame derrière son dos.

JUSTICE

269. **Le plus petit arrangement**
vaut mieux que le meilleur procès.
— L'entente, même partielle, est préférable à tout recours
en justice.
Didactique. Variante: «Le plus chéti' arrangement vaut
mieux que le meilleur procès.

270. **La meilleure entente vaut mieux qu'un procès.**
Signification identique à l'énoncé précédent.
Exprime l'opinion défavorable généralement rattachée à la
justice. Veut dire que quelle que soit l'issue d'un procès, on
en sort toujours perdant. Variante:
«La meilleure entente vaut mieux que le meilleur procès.»

271. **On ne va pas chercher son honneur en cour.**
— Aller en justice ne favorise pas une réputation.
Avoir recours à un procès équivaut à perdre le peu
d'estime dont on jouit parmi ses proches.

272. **D'un procès, le gagnant sort en queue de chemise,
le perdant tout nu.**
— Dans un procès, tous sont perdants.
Pour dire qu'il vaut mieux avoir recours à tout sauf à la
justice officielle.

273. **La loi, c'est la loi.**
— La loi est intransigeante.
Employé notamment par celui qui profite de l'application
de la loi. Ainsi Séraphin, personnage dur et avaricieux du
roman bien connu de C.-H. Grignon, *Un homme et son
péché,* l'emploie abondamment pour souligner le caractère inflexible de la loi.

MAINTENANT / PLUS TARD

**274. Remets jamais à demain
ce que tu dois faire aujourd'hui.**

— Ne remets jamais à plus tard ce que tu dois faire immédiatement.

Utilisé notamment par les parents à l'endroit des enfants, pour dire de ne pas retarder à accomplir une tâche urgente.

Plusieurs variantes de cette formule sont en usage. Ainsi par exemple: «Il ne faut pas remettre au lendemain ce que l'on peut faire le jour même.» — *Litt. orale*, p. 184.

**275. Pourquoi attendre à c't'arlevée
pour faire ce que tu peux faire c't'a matinée.** (sic)[1]

— Pourquoi attendre à plus tard pour faire ce que tu peux faire immédiatement.

Pour dire de ne pas tarder à accomplir une tâche.

Ainsi, par exemple, une femme emploiera ce proverbe à l'endroit de son époux qui tarde à effectuer un travail.

276. Tout ce qui traîne se salit.

— Tout ce qui tarde à se réaliser amène des complications. En particulier au sujet d'une dette dont le paiement retarde. Pour convaincre celui qui traîne une dette de la régler au plus tôt. En affaires, surtout.

277. Vaut mieux prévenir que guérir.

— Vaut mieux prévenir qu'avoir à s'en repentir plus tard. Employé souvent par celui-là même qui est prévoyant. Se rappelant d'une imprévoyance passée, on citera volontiers cet axiome en rapport à ce qui est à venir. Utilisé également en guise de remontrance à l'endroit d'une personne imprévoyante.

Litt. orale, p. 184.

278. Il ne faut pas s'embarquer sans biscuits.

— Il ne faut rien entreprendre sans réserves suffisantes. Proverbe qui aurait été employé à l'origine chez les marins. En effet, autrefois, sur les navires, il était d'usage d'embarquer une bonne provision de biscuits (espèce de pain très dur), qui se conservaient bien et constituaient de plus une excellente source alimentaire.

[1] M. Marcel Rioux m'a dit avoir entendu ce proverbe aux environs de Lévis. Ce proverbe aurait pour origine une vieille habitude normande, qui est celle de faire une courte sieste après le dîner (le déjeuner, en France). «Arlevée» ou «arlovée», indistinctement, proviendrait de «relevée», qui serait ici la fin de la sieste, d'où: «pourquoi attendre à c't'arlevée...»

279. Un bon avertissement en vaut deux.
Version française: «Un homme averti en vaut deux.»

**280. Un tiens vaut mieux que deux tu l'auras,
un chien vaut mieux que deux angoras.**
— Une certitude vaut mieux que de nombreuses promesses.
Souvent, seule la première partie de la formule est employée, la seconde partie étant seulement une déformation amusante de la précédente.

281. Un chien vaut mieux que deux petits verrats.
Proverbe issu de la déformation de «Un tiens vaut mieux que deux tu l'auras.»

**282. Il ne faut jamais dire:
source je ne boirai pas de ton eau.**
— Il ne faut jamais spéculer sur l'avenir.
Ne jamais, par suffisance, refuser l'aide éventuelle de quelqu'un. Le même proverbe se rencontre dans le *Don Quichotte* de Cervantes.
Variante: «Il ne faut pas dire; Fontaine je ne boirai jamais de ton eau.» — *Litt. orale*, p. 184.

283. Une fois n'est pas coutume.
Pour dire qu'un événement ne se produira qu'une fois et ne se répétera donc pas. Ainsi, accordant une permission exceptionnelle à un enfant, on se justifiera souvent grâce à cette formule.

284. Vaut mieux tard que jamais.
Pour justifier un quelconque retard.

285. **Il n'est jamais trop tard pour bien faire.**
Ainsi s'exprimera celui qui accomplit son devoir tardivement. Le sens de cette formule se rapproche de celui de la précédente, il va sans dire.

286. **Il y a plus jours que de semaines.**
— Rien ne presse.
Si on ne peut faire un travail aujourd'hui, on le fera demain. Par exemple, la ménagère qui doit faire un lavage le jour même et qui retarde la tâche au lendemain: «Bah! Il y a plus jours que de semaines.»

MARIAGE

287. **Marie-toi tu fais bien,
marie-toi pas tu fais mieux.** (sic)
Conseil souvent proféré aux jeunes gens en guise de boutade. Adaptation populaire d'une formule biblique (I, Corinthiens).

288. **Vieux garçon, vieux cochon.**
— Rester célibataire augmente les instincts pervers. En Beauce, pour fustiger celui qui, ne suivant pas en cela la coutume locale, tarde à se marier. Madeleine Ferron et Robert Cliche, *Quand le peuple fait la loi*, p. 57.

289. **Tel on prépare son mariage, tel on y vit.**
Employé par les parents à l'endroit d'une jeune fille. Littéral.

290. **Marie-toi devant ta porte
avec quelqu'un de ta sorte.**
Madeleine Ferron et Robert Cliche, *Quand le peuple fait la loi*, p. 57.

— Vaut mieux se marier avec une personne de condition et de milieu identiques au sien.

291. Le mariage, c'est un brassement de paillasse que tout en craque.
Boutade. Variante: «Le mariage, c'est un brassement de paillasse que la poussière en r'vole.»

292. Le mariage est un p'tit bonheur qui monte au deuxième étage pour faire son lavage.
Boutade.

293. Qui prend femme prend paroisse.
Signifie que le futur époux devra s'établir de façon permanente après son mariage. Proféré au jeune homme qui compte se marier. Formule complémentaire: «Qui prend mari prend pays.»

294. Qui prend mari prend pays.
— Celle qui se marie s'adapte au milieu dans lequel évolue son époux.
Dit par les parents à la jeune fille qui espère se marier.

295. On marie un homme, on marie une famille.
— Mariant un homme, on adopte aussi sa famille du même coup.

MENSONGE

296. Mentir c'est mourir un peu.
Déformation populaire de «Partir c'est mourir un peu.»

297. **Bon menteur**
bon vanteur.
— Celui qui ment se vante volontiers.

298. **Bon pêcheur, bon menteur.**
Entendu au sens littéral. Procède de l'opinion générale voulant que les pêcheurs soient toujours portés à exagérer leurs prises, d'où la formule.

299. **Un menteur c'est un voleur**
un voleur c'est un tueur.
— Le mensonge mène à tous les crimes.

300. **A beau mentir qui vient de loin.**
— L'étranger ou celui qui revient de voyage a beau jeu de mentir.
Axiome souvent employé à propos d'étrangers qui veulent en imposer grâce à des histoires invraisemblables ou des promesses mirobolantes.
Litt. orale, p. 182.

MÉRITE

301. **La femme du cordonnier est toujours mal chaussée.**
— Le promoteur de quelque chose en est toujours mal pourvu lui-même.
Dit, par exemple, par la femme pour chicaner un époux par trop charitable envers les autres mais non envers sa propre famille. Variantes: «Faut être la femme du cordonnier pour être mal chaussée», «Il n'y a rien comme d'être la femme du cordonnier pour être mal chaussée.»

302. **Ce sont toujours les couturières
qui sont toujours les plus mal habillées.**
— Même signification que le proverbe précédent. Utilisé surtout par les femmes. Souvent, au sens littéral.

303. **Un bon os ne tombe jamais
dans la gueule d'un bon chien.**
— La chance ne sourit jamais à celui qui la mérite le plus.
Prov. Fran., I, p. 166: À un bon chien il n'arrive jamais un bon os.

304. **Qui veut les honneurs les paye.**
— Qui veut la gloire la mérite.
Signifie en général que le succès se paye par l'effort.

305. **Qui va à noces sans prier
s'en revient sans dîner.**
Bulletin des recherches historiques, XXIX.
—«On ne peut s'attendre à être bien reçu là où on n'est pas invité.» *(idem)*
Variante: «Qui va aux noces sans être prié s'en revient sans dîner.» — P.-G.Roy, «Nos coutumes et nos traditions françaises», *Les cahiers des Dix*, no. 4, 1939, p. 88.

MESURE

306. **On ne tire pas de canon pour écraser une punaise.**
— On n'adopte pas de solution disproportionnée au problème à résoudre.
À l'endroit de celui qui emploie des moyens trop considérables pour régler un problème.

MISÈRE

307. Petite cuisine, grosse famille.
Civ. trad., p. 159.
— Les pauvres ont de nombreux enfants.
Variante: «Petite maison, grosse famille.» — *Croyances et dictons*, p. 172.

308. Le monde, c'est une beurrée de marde, plus ça va moins il y a de pain. (sic)
Énoncé de création relativement récente, semble-t-il. Familier.

309. Il paraît qu'il y a des fleurs qui poussent sur un (ou les) tas de fumier.
— De belles choses peuvent surgir d'une réalité sordide.
Par exemple, pour parler d'un acte charitable posé par un mécréant.

310. On est plus réduit à sa peau qu'à sa chemise.
Litt. orale, p. 184.
La version languedocienne, telle que rapportée dans *Litt. orale*, va comme suit: «La pet toco mès que la camiso.» Cette version est tirée du *Dictionnaire Languedocien-Français* de l'abbé Boissier de Sauvage, Nîmes, 1785, et est rapportée également par J.-F. Bladé, *Proverbes et Dictons populaires*, Champion, Paris, 1880, p. 67, no. 88.

311. Pauvreté n'est pas vice.
Conception populaire de la pauvreté, opposée ici, apparemment, au vice engendré par la richesse. D'après Jutras (*Le Parler des Canadiens français*, p. 5), cette forme est identique à la forme française. Une version québécoise: «Ce n'est pas un vice d'être pauvre.»

312. **Quand on est né pour un petit pain on reste avec un petit pain.**

— Né pauvre on meurt pauvre.

Employé par les plus pauvres. Pour dire que le pauvre ne peut s'enrichir, et, conséquemment, demeure pauvre. Variantes: «Celui qui est né pour un petit pain n'en aura jamais un gros.» — *Civ. trad.*, p. 159. «Quand on est né pour un petit pain, ça sert à rien»; «Quand on est né avec un petit pain, on meurt avec un petit pain.»

313. **Celui qui est né pour un petit pain n'en aura jamais un gros.**

Croyances et dictons, p. 171.

— Signification identique au proverbe précédent. *Civ. trad.*, p. 159.

314. **La misère, ce n'est pas pour les chiens.**

— La misère s'accroche à l'homme.

315. **Les petites pétaques sont pas grosses.** (sic)

316. **Les pauvres sont les amis de Dieu.**

Religieux: veut dire que les pauvres jouissent d'une valeur particulière aux yeux de Dieu. En usage dans le clergé et parmi les pauvres en général.

317. **À chaque jour suffit sa peine.**

— Inutile de se tourmenter inutilement.

Ne pas s'en faire pour le lendemain, les soucis d'aujourd'hui suffisent. Proféré à l'endroit de ou par celui qui a tendance à se tourmenter pour le lendemain.

318. **Si tu manges ton pain blanc en premier, tu manges ton pain noir plus tard.**

— La difficulté succède à la facilité.

L'énoncé suggère une analogie de sens avec la formule biblique: «Les premiers seront les derniers et les derniers seront les premiers.»

319. Celui qui jette son pain en riant le ramasse plus tard en pleurant.

— Celui qui dilapide inconsidérément son bien le regrette amèrement plus tard.

320. Dans le besoin on connaît ses amis.

Employé par celui qui a des difficultés financières.
Expression de ressentiment légitime.

321. Ventre vide n'a pas d'oreilles.

— Celui qui est pauvre n'a que faire des belles paroles.
Variante: «Ventre affamé n'a pas d'oreilles.» — *Civ. trad.*, p. 159. Chez La Fontaine *(Fables)*: «Ventre affamé n'a point d'oreilles.»

322. Faute de pain, on mange la galette.

— Faute de plus, on se contente de ce qu'on a.
Variante: «Faute de pain on mange de la galette.»

323. Au printemps tous les loups sont maigres.

— Dans les périodes prospères apparaissent les profiteurs.
Les profiteurs se rassemblent là où ils soupçonnent un gain éventuel. Mise en garde.

324. La vie a de bons moments mais elle en a de sacrements. (sic)

— La vie est agréable mais aussi, parfois, difficile.
Observation familière. On peut, à l'occasion, n'utiliser que la première partie de la maxime.

325. **Après la pluie, le beau temps.**
— Après les ennuis, la joie.

326. **Après l'hiver 'y a toujours une débâcle. (sic)**
— Une période difficile finit toujours par cesser un jour ou l'autre.
«...comme dit ma femme: «après l'hiver 'y a toujours une débâcle.» — «Les ordres», film de Michel Breault, 1974.

327. **Il vaut mieux endurer sa bête que de la tuer.**
Litt. orale, p. 184.
Il vaut mieux souffrir que mourir. (voir l'énoncé suivant)

328. **Vaut mieux souffrir que mourir.**
Formule d'encouragement pour celui qui souffre.

329. **Les quêteux montés à cheval oublient le balai.**
— Les nouveaux riches oublient leur misère passée.

MORT

330. **Si le vieux meurt de vieillesse**
sa vieille aura besoin de se serrer les fesses.
— Si un vieillard meurt, sa partenaire devra se ménager. Entre vieillards. Employé parfois avec une connotation sexuelle.

331. **Celui qui se mettra homici' périra.**
Litt. orale, p. 183.

332. **Mort souhaitée, vie prolongée.**
Paraît s'appuyer sur une croyance populaire, laquelle veut que de souhaiter la mort de quelqu'un lui vaut au contraire une vie prolongée. Utilisé aussi par la personne qui désire mourir mais voit sa vie prolongée.

NOUVEAU

333. **Tout nouveau tout beau.**
— La nouveauté impressionne toujours.
Pour mettre en garde contre l'attrait de la nouveauté.

NOURRITURE

334. **Bon dîneur mauvais dormeur.**
— Celui qui mange beaucoup a un sommeil agité.

335. **Qui dort dîne.**
— Le sommeil nourrit autant qu'un repas.
Conseil pour conserver sa santé.

336. Fricot chez nous, pas d'école demain.

— Le lendemain d'un repas copieux, toute la routine est chambardée.

Après un bon repas, les troubles digestifs risquent fort de chambarder la routine de la maison. Le fricot était chez nous une sorte de festin que l'on préparait à l'occasion d'un événement important, un mariage par exemple. Voici ce qu'en dit un auteur du temps : «On pouvait parfois danser et aller aux fricots — espèces de festins — (...). Si une famille donnait un fricot, tous les invités étaient tenus à la réciprocité d'une pareille fête. Celles-ci étaient bien amusantes, quelles tables abondamment servies ! Tous les mets qu'on devait servir au cours du repas se trouvaient sur la table dès le début ; qu'une place vide sur la nappe, on avait de petites assiettes pour remplir les interstices. Quelle mangeaille et quelle beuverie abondante ! Très peu de vin, mais beaucoup de bon rhum !» — A. D. DeCelles, «Le passé et le présent», *Almanach Rolland,* Mtl, 1924, p. 196.

337. On prend les hommes par le ventre.

— Pour posséder un homme, rien comme de le faire bien manger.

Employé chez les femmes.

338. On n'engraisse pas les cochons à l'eau claire.

— On ne se nourrit pas que de mets délicats.

Utilisé par la cuisinière — ou selon le cas, le cuisinier — à l'endroit de celui qui se plaint de la nourriture. Invitation à manger ce qui est servi.

339. **La table tue plus de monde que l'épée.**

— La gourmandise est souvent mortelle.

À un malade, par exemple, qui veut manger plus qu'il est raisonnable. Variante: «La fourchette tue plus de monde que l'épée.»

Prov. fran.; Gourmandise tue plus de gens, qu'épée en guerre tranchant. (H. Estienne, 1579)

OBLIGATION

340. **On ne mène pas un chien de force à la chasse.**
    — On ne doit forcer personne.
    En général, d'un adulte à un autre, parlant d'un enfant
    qu'il ne faut pas forcer. Variante: «Faut pas envoyer un
    chien à la chasse à coup de bâton.»

OCCASION

341. **Quand le blé est mûr, on le fauche.**
    — Quand le temps est venu, on agit.

342. Il faut battre le fer quand il est chaud.

— Il faut agir quand il en est temps.

Proverbe ayant souvent une fonction didactique. Version utilisée en guise de boutade: «Faut battre son fer (frère!) pendant qu'il est chaud.» Variante: «Il faut battre le fer tandis qu'il est chaud» — *Civ. trad.*, p. 159. *Litt. orale*, p. 183.

Prov. ant., p. 23: Endementres que li fers est chauz le doit len batre; Len doit batre le fer tandis cum il est chauz.

343. Quand la manne passe, il faut la prendre.

— Quand la chance se présente, il faut en profiter.

À propos d'une occasion inespérée.

344. C'est l'occasion qui fait le larron.

— L'occasion propice peut pousser à des actes répréhensibles.

Notamment, pour mettre en garde contre les occasions douteuses.

ORGUEIL

345. Il ne faut pas péter plus haut que le trou.

— Il ne faut pas montrer trop d'orgueil.

Locution passée en proverbe. Formule commune. On dit aussi en France: «Il ne faut pas péter plus haut que le cul.»

346. Toutes marchandises vantées perdent leur prix.

— Toute chose vantée voit sa valeur amoindrie d'autant.

PAROLES

347. **Les paroles s'envolent mais les écrits restent.**
Surtout utilisé à l'occasion de la rédaction d'actes officiels:
contrat de mariage, acte de naissance, contrat de vente,
d'achat, etc.

348. **Le silence est d'or, la parole est d'argent.**
— Garder le silence vaut mieux que parler à tort et à travers.
Énoncé d'utilisation générale. Employé notamment dans
le cas où il vaut mieux s'abstenir de parler plutôt que de
peiner quelqu'un.

349. **Qui ne dit mot consent.**
— Qui ne parle pas approuve tacitement.
Dit souvent par les enfants dont les demandes feignent être ignorées par les parents. D'autre part, pour indiquer que celui qui se tait est aussi coupable que celui qui accomplit un acte répréhensible.
Variante: «Celui qui ne dit mot consent.» — *Litt. orale,* p. 183.

350. **Si vous mangez du curé, vous ne le digérerez pas.**
— Si vous parlez en mal du curé, vous en serez puni.
Mise en garde. S'attaquer à la réputation d'un prêtre est souvent malsain. Variantes: «Qui mange du curé en meurt»; «Manger de la soutane, ça ne se digère pas»; «Qui mange du prêtre en crève»; «Les boutons de soutane se digèrent mal», «Qui mange du prêtre en meurt» — Madeleine Ferron et Robert Cliche, *Quand le peuple fait la loi,* p. 94.

351. **Vous ne pouvez pas empêcher un chien de chier sur une église.**
— Inutile de vouloir faire cesser la médisance.

352. **Tout chien qui aboie ne mord pas.**
— Celui qui fait beaucoup de bruit n'est pas dangereux.
D'usage général.

353. **Tout coq qui chante le matin a souvent le cou cassé le soir.**
Litt. orale, p. 185.
— «La gaieté s'exprimant avec exhubérance le matin se changera souvent en larmes le soir.» (*id.*)

354. C'est toujours la poule qui cacasse qui pond.

— Celui qui proteste le plus de son innocence est toujours le coupable.

Plusieurs variantes de ce proverbe sont en usage: «La poule qui chante est celle qui pond» — *Civ. trad.*, p. 159; «C'est la poule qui chante qui pond l'oeuf» — *Litt. orale*, p. 183; *Un trésor*, p. 197.

S'utilise notamment à propos d'un enfant qui proteste de son innocence avant même d'être accusé expressément.

355. Avec une langue on peut aller à Rome.

— Les beaux parleurs réussissent partout.

D'une personne qui a «une belle gueule», comme on dit. Marque plus ou moins le mépris. Énoncé complémentaire: "Grand parleur, petit faiseur.»

356. Avec un mot, on peut pendre un homme.

— Un mot suffit à perdre quelqu'un.

Formule qui invite à la prudence dans ses paroles. Énoncé complémentaire: «Vaut mieux tourner sa langue sept fois avant de parler.»

**357. Parle, parle,
il en restera toujours quelque chose.**

— Des paroles, même en l'air, influencent toujours.

Sorte de reproche adressé à celui qui est trop bavard ou parle sans discernement.

358. Grand parleur, petit faiseur.

— Celui qui parle beaucoup accomplit peu.

Trop parler à tort et à travers est, certes, une habitude détestable. Variante: «Grand parleux, petit faiseux.»

Planche 7 (354)

C'est toujours la poule qui cacasse qui pond.

Rouleau, C. E., *Légendes canadiennes*, Imprimerie du Soleil, Québec, 1901, illustrations de J. A. Ferland, p. 229.

359. **Trop parler nuit,**
trop gratter cuit,
trop tirer casse.
— Mieux vaut parler peu.
Un informateur: «Quand on parlait trop, les vieux nous disaient: «Écoute ti-gars là, trop parler nuit, trop gratter cuit, trop tirer casse.» Variante: «Trop gratter cuit / Trop parler nuit» — *Litt. orale*, p. 185. La forme languedocienne, telle que rapportée dans ce dernier ouvrage, se dit comme suit: «Trop grata quescots — E trop parla que notz.»

360. **Bien faire vaut mieux que bien dire.**
— Les actes l'emportent sur les belles paroles.
Vaut mieux agir que parler. Conforme à l'affirmation: «Grand parleur, petit faiseur.»

361. **Il faut se tourner la langue sept fois**
avant de parler.
— Bien réfléchir avant de se prononcer.
Il existe plusieurs variantes de cet énoncé. Ainsi: «Il faut se rouler la langue trois fois dans la bouche avant que de parler» — *Litt. orale*, p. 183; V.-P. Jutras, *Le Parler des Canadiens français*, énoncé no. 89. Autre variante: «Tourne ta langue sept fois avant de parler.»

362. **Les murs ont des oreilles.**
Litt. orale, p. 184.
— Les oreilles indiscrètes sont toujours à l'affût.
Voulant dire de faire attention aux personnes qui pourraient être secrètement à l'écoute.

363. **Les roches parlent.**
Litt. orale, p. 184.

Signifie que, on ne sait trop comment, nos paroles sont rapportées à des tiers. Prendre garde aux oreilles indiscrètes.

364. Siffler n'est pas jouer.
Litt. orale, p. 184.
D'après Roy (*id.*), ce proverbe serait une déformation de la formulette dite du jeu de Dames, où il est dit que «souffler n'est pas jouer.» Malheureusement, la formulette en question n'est pas citée.

365. On ne dit pas deux fois la messe pour les sourds.
— On ne répète pas pour celui qui n'a pas compris la première fois.

366. Il n'y a pas de pire sourd que celui qui ne veut pas entendre.
Lisette dans *L'amour médecin* de Molière: «Il n'y a point de pires sourds que ceux qui ne veulent point entendre.» (cité dans *Prov. fran.*)

PASSÉ

367. Ce qui est passé est passé.
On ne revient pas sur le passé. En guise de consolation.

368. On ne déterre pas les morts.
Même sens que l'énoncé précédent.

369. Le temps passé ne revient pas.

370. On ne parle pas de corde dans la maison d'un pendu.
— On ne revient pas sur quelque chose de désagréable à quelqu'un.

Proverbe également en usage en France. Un proverbe hébreu remontant au Ve siècle: «S'il y a un pendu dans la famille, ne dis pas: «Tiens, pends ce poisson!» » (c. f. Maloux, *Dictionnaire des proverbes...*)

371. Ne réveille pas le chat qui dort.

— Il ne faut pas revenir sur un sujet oublié.

En général, à propos d'un sujet plutôt désagréable. Variante française: «Ne réveillez pas le chien qui dort.» (XIIIe siècle). Variante anglaise: «Ne réveillez pas le lion qui dort.» (XVIe siècle).

372. Il ne faut jamais remuer la vieille marde.

— Il ne faut jamais revenir sur un sujet désagréable.

373. Plus tu brasses la marde, plus elle pue.

— Plus tu ressasses les choses désagréables, pires elles deviennent.

Parlant des commères qui ne cessent de se mêler de ce qui ne les regarde pas. Variante: «Plus tu joues dans le monde plus ça pue.»

374. Plus on gratte, plus ça démange.

—Même sens que le proverbe précédent.

Plus on cherche, moins on trouve la cause. À l'endroit d'une personne qui se cause trop de souci en voulant trouver une cause cachée.

375. C'est trop tard pour serrer les fesses quand on a fait au lit.

— Inutile de regretter un malheur dont on est la cause.

376. Il est trop tard pour louer sa chemise quand on a chié dedans.

— Il est inutile de vouloir confier son malheur à autrui quand on en est soi-même la cause.

PATIENCE

377. Faut pas lâcher.
— De la persévérance !

378. Avec de la patience, on vient à bout de tout.
Employé par celui-là même qui est patient ou qui veut enseigner la patience.

379. Paris (ou Rome) ne s'est pas fait en un jour.
— Les travaux importants demandent de la patience. Formule d'origine européenne.

380. À force de taper sur le clou,
on finit par l'enfoncer.
— À force de s'acharner, on finit par réussir.

381. Vingt fois sur le métier remettez votre ouvrage.
— Persévérez dans le travail.
Axiome proféré notamment par un employeur à son employé manquant de persévérance.

382. Tout arrive à point à qui sait attendre.
Tout vient en son temps. Voilà pourquoi il faut pratiquer la patience.

383. Petit train va loin.
— Un effort minime mais soutenu assure la réussite.
Proféré pour se moquer, souvent. Employé par quelqu'un agissant avec lenteur, cette formule devient une excuse facile.

384. Petit à petit l'oiseau fait son nid.
— Avec de la persévérance, on arrive au but.
Didactique.
Prov. fran. : Petit à petit on va bien loing. (XIIIe siècle)

385. **Qui va lentement va sûrement.**
Invitation à la prudence et à une lenteur mesurée dans l'exécution.

PLAISIR

386. **Plus on est de fous**
plus on a de «fun».
— Plus on est, plus on s'amuse.
Dans une réunion entre amis ou parents, pour accueillir un nouvel arrivant. Variantes: «Plus on est de fous plus on s'amuse.» «Plus on est de fous plus on rit.»

387. **Où il y a de la gêne, il n'y a pas de plaisir.**
Employé par celui qui ne souffre pas de gêne, habituellement. Aussi, pour réprimer un sans-gêne trop flagrant de la part de quelqu'un.

388. **Il n'est joie que de noces.**
Bulletin des recherches historiques, XXIX.
— «Se dit lorsqu'on se divertit bien à quelque fête.» (*id.*)

389. **Tous jours ne sont pas noces.**
Bulletin des recherches historiques, XXIX.
«Les jours ne sont pas toujours gais comme aux noces.» (*id.*)

390. **Ce n'est pas tous les jours fête.**
— On ne s'amuse pas toujours.
La fête est toujours amusante mais doit cesser à un moment donné. Pour certains, ce proverbe indique que la réjouissance est terminée et qu'il faut un retour au

sérieux; pour d'autres, encouragement à s'amuser. Variante: «C'est pas tous les jours dimanche.» — «Mont-Joye», série télévisée.

391. C'est triste la mort de Baptiste.

Anciennement on disait: c'est triste après la mort de Baptiste. Se dit à l'occasion d'un événement triste, en guise de boutade. Aussi, à propos d'un contretemps.

392. Il faut rire avant de mourir de peur de mourir sans avoir ri.

— Vaut mieux s'amuser pendant qu'il en est encore temps.

393. Grand ricaneux grand brailleux.

— Qui rit beaucoup pleure beaucoup.
Variante: «Grand risée, grand pleur.»

394. Jean qui rit Jean qui pleure.

— Qui rit facilement pleure avec une égale facilité. Parlant de celui qui passe du rire aux larmes sans transition.

395. Qui rit mardi pleure le vendredi.

— Qui rit un jour gai s'expose à pleurer un jour triste. Et vice-versa: «Qui pleure mardi rit le vendredi.» Version littéraire: «Qui rit vendredi pleurera dimanche.» (Racine) Variante: «Si tu ris vendredi, tu pleures dimanche.»
Prov. fran., I, p. 135: Tel rit le vendredi qui dimanche pleurera.

396. Qui rit aujourd'hui pleurera demain.

La peine suit la joie et vice-versa.

397. Il n'y a pas de rose sans épines.
— Pas de plaisir sans peine.
Civ. trad., p. 159; *Litt. orale*, p. 184.

POUVOIR

398. Au plus fort la poche.
— Au plus puissant la réussite.
Conception populaire du pouvoir.

399. Le plus fort aura toujours le meilleur.

400. Contre la force, pas de résistance.
Employé par celui qui subit la contrainte.

PREMIER / DERNIER

401. Premier arrivé
premier servi.
Employé notamment par l'enfant qui arrive le premier à table. Utilisé en publicité.

402. Rira bien qui rira le dernier.
— Celui qui se réjouit maintenant ne sera pas celui qui se réjouira en dernier lieu.
D'usage général. Utilisé par celui qui croit avoir raison mais subit néanmoins les sarcasmes d'autrui.

403. Le dernier vaut mieux que le premier.
Sentence énigmatique tirée de la Bible.

404. Qui gagne perd.
Inversion de valeur identique à: «Les premiers seront les derniers...»

405. **Dans un grand vaisseau, on met une petite part.**

PROMESSE

406. **Chose promise, chose due.**
La promesse lie toujours, comme le serment, celui qui s'engage. Employé par celui qui fait une promesse.

QUALITÉS MORALES

407. Un bon soldat meurt debout dans ses bottes.
— Un bon homme demeure jusqu'au bout à la tâche.
Employé, par exemple, à l'endroit de quelqu'un qui doit
affronter une assemblée hostile.

408. Un bon pêcheur meurt debout dans sa barque.
— Même signification que le proverbe précédent.

**409. Un bon chasseur sachant chasser
doit savoir chasser sans son chien.**
Employé, en général, par les chasseurs revenant de la
chasse. Ce vire-langue, qui constitue également dans sa
forme présente un axiome, est rapporté dans *Litt. orale*, p.

175, sous une forme sensiblement différente: «Tout chasseur sachant chasser / Peut chasser sans son chien.»

410. Un bon chien en fait pisser un autre.
— Un bon homme donne l'exemple.

411. Cinq minutes assis vaut mieux que dix minutes debout.
— Quelques instants de réflexion valent mieux qu'une agitation désordonnée et impuissante.
S'emploie au sens propre; quand, par exemple, un visiteur ne veut pas s'asseoir, prétextant l'urgence de repartir, ou encore quand quelqu'un reste debout inutilement.

412. La prudence est la mère de la sûreté
La Fontaine: «La méfiance est mère de la sûreté.»
— *Le chat et le vieux rat.*

413. La paresse est la mère de tous les vices.
Vérité morale.

414. Une personne vertueuse est une personne vicieuse.
Voulant dire qu'une vertu extrême mène souvent à des aberrations. Énoncé de création relativement récente, semble-t-il.

415. Il faut mettre de l'eau dans notre (ou son) vin.
— Il faut posséder de l'entregent.
Parlant par exemple de compagnons de travail avec lesquels il s'agit de composer le mieux possible afin de se rendre la vie agréable.

416. La poussière avant le balai.
— Les moins bons avant les meilleurs.
Boutade amicale. Souvent employé entre enfants.

Planche 8 (408)

Un bon pêcheur meurt debout dans sa barque.

Rouleau, C. E., *Légendes canadiennes*, Mame, Tours et Granger, Montréal, s. d., illustrations de Goichon, v. 1, p. 25.

417. Les rois avant les épais.
— Les meilleurs avant les imbéciles.
Par exemple, désirant précéder son compagnon, on dira souvent cette formule.
Variantes : « Les rois avant les oies » ; « Les rois avant les valets. »

418. On bourre sa pipe avec le tabac qu'on a.
— On n'utilise que ce que l'on possède.
Notamment à propos de l'étendue de son vocabulaire : on n'utilise que le vocabulaire qu'on possède.

QUALITÉS PHYSIQUES

419. Un gros nez ne dépare jamais un beau visage.
— Un détail dissonant n'enlaidit pas une belle personne. Pour rassurer quelqu'un sur son physique. Variante : « Un nez long ne défait pas une belle figure. »

420. Les bébés ne sont pas tous dans les carosses.
Exclamation à la vue d'une jolie femme.

421. Il faut souffrir pour être belle (ou beau).

**422. On ne peut pas tous être beaux
et savoir téléphoner.**
— On ne peut posséder toutes les qualités.
Employé souvent par les jeunes filles. Variante: «On ne peut pas tous être beaux et être chanceux.»

423. La beauté avant l'âge.
Utilisé par un homme à l'endroit d'une femme ou d'une jeune fille, en guise de galanterie. Utilisé également par les

enfants à table, pour dire qu'ils doivent passer en premier. Dans ce second cas, est considéré comme une effronterie.

424. **La beauté n'apporte pas à dîner** (l'un)
la laideur n'apporte pas à souper. (l'autre)
— La beauté ne fait pas vivre (l'un) / la laideur non plus. (l'autre)
Qu'importe finalement d'être beau ou laid. Employé, par exemple, à propos de deux personnes plus ou moins jolies qui vont se marier. Ainsi, pour se porter à la défense d'un conjoint peu joli: «La beauté n'apporte pas à dîner» et l'autre de répliquer: «La laideur n'apporte pas à souper.»

425. **La beauté s'en va mais la bête reste.**
— La beauté s'effrite à la longue, mais la personnalité profonde demeure.
Parlant notamment d'une femme.

426. **Les singes avant les princes.**
— La laideur avant la beauté.
Boutade entre amis. Employé souvent par les plus jeunes.

427. **Dans les petits pots les meilleurs onguents.**
— Les gens de petite taille possèdent les qualités les plus appréciables.
Formule de défense qu'emploie celui ou celle qui se sent déprécié à cause de sa taille réduite.

428. **Dans les petits pots**
les bons onguents, (la petite personne)
dans les grands
les excellents, (la grande)
la mauvaise herbe pousse vite. (la petite)
Suite d'apostrophes que se lancent deux personnes de taille différente. Parfois, on omet la dernière partie de l'énoncé:

«La mauvaise...» Néanmoins, cette dernière partie du proverbe (également en usage en France), utilisée seule, constitue une boutade à l'égard de celui qui paraît avoir grandi rapidement.

429. On ne mesure pas un homme à la brasse.

— On ne juge pas un homme à sa corpulence.

Parlant d'un homme fluet ou de petite taille. Souligne l'importance supérieure des qualités morales ou intellectuelles par rapport au caractère physique. Par exemple, à celui qui s'oppose à l'engagement d'un homme ayant piètre apparence physique: «On en mesure pas un homme à la brasse.»

430. Pour vivre longtemps il faut donner jour à son cul-vent. (sic)

— Pour vivre longtemps, il faut péter souvent.

Boutade familière.

REGARD

431. Un chien regarde bien un évêque.
— Rien n'empêche une personne indigne de regarder l'objet de son admiration.
Réponse à celui qui se plaint d'être trop observé.

RELATIF

432. Les goûts ne sont pas à discuter.
— Les préférences étant relatives à chacun, aucune discussion rationnelle ne peut les modifier.

433. Chaque patte veut son clou.
— Tout problème demande sa solution.
Proverbe ayant apparemment été employé à l'origine par les forgerons, puis passé dans l'usage populaire.

434. Faut pas mélanger les torchons et les serviettes.
— Faut pas confondre les choses différentes.
Parlant d'êtres humains. Semble être utilisé surtout par les femmes. Variante : « Faut pas mélanger les guenilles pis les torchons. » (sic) — « Aujourd'hui peut-être », pièce de Serge Sirois.

435. Il faut voir les deux côtés de la médaille.
— Il faut considérer plusieurs points de vue avant de porter jugement.
« Y a deux côtés à une médaille, des fois ça favorise un, des fois ça favorise l'aut', y a une balance ent' les deux. » — Un personnage, *Tout l'temps, tout l'temps*, film de l'ONF, 1970.

436. Il faut faire la part des choses.
— Il faut relativiser son jugement.

437. Il ne faut pas mettre tous ses oeufs dans le même panier.
— Il ne faut pas mettre tout son espoir en une seule chose.
Proverbe d'usage général.

438. Il ne faut pas semer toute sa semence dans le même champs.
Almanach des cercles agricoles, 1894, p. 14.
— Signification identique à celle du proverbe précédent.

439. **Qui n'entend qu'une cloche n'entend qu'un son.**
Civ. trad., p. 159.
— Qui ne considère qu'un aspect d'une question ne peut être objectif.

440. **Tout ce qui craque ne casse pas.**
Employé souvent au sens littéral. En usage notamment chez les bûcherons. Ainsi, lorsqu'une chaise grince, on pourra employer cette formule.
«Le chêne et le roseau», *Fables* de La Fontaine: «Tout ce qui plie ne casse pas.»

441. **Il n'y a pas rien qu'un boeuf**
qui s'appelle taupin.
— Il peut y avoir plusieurs personnes portant un même nom.
Parlant de quelqu'un qui porte le même nom qu'un autre.

442. **Il n'y a pas rien qu'un chien qui s'appelle Fido (Coly, etc.).**
Même signification que le proverbe précédent.

443. **Il y a plus d'une facon d'étrangler un chat.**
— Il y a plusieurs façons d'arriver à un même résultat.

444. **Chaque pays fournit son monde.**
Litt. orale, p. 183.
— En chaque lieu il y a du bon aussi bien que du mauvais.
Pour dire de relativiser son jugement, de ne pas juger globalement.

445. **Il faut toute sorte de monde pour faire un monde.**

RENCONTRE

446. En parlant des anges on leur voit les ailes.
— Parlant des enfants, on les voit arriver.
Pour exprimer sa joie de revoir les enfants.

447. Quand on parle du soleil on voit ses rayons.
À l'occasion d'une rencontre fortuite.
Variante: «En parlant du soleil on voit ses rayons.» — *Civ. trad.*, p. 159.

448. En parlant de l'oiseau on lui voit la queue.
Civ. trad., p. 159.
Variante: «En parlant de l'oiseau on lui voit les plumes.»

449. En parlant de la bête on lui voit la tête.
— Parlant de quelqu'un, on l'aperçoit justement. À l'occasion d'une rencontre fortuite. Variante: «Quand on parle de la bête elle montre la tête.» Employé entre adultes surtout.
Litt. orale, p. 183; *Civ. trad.*, p. 159.

450. En parlant du diable on lui voit les cornes.
— Quand on parle de quelqu'un, il nous apparaît fortuitement.
Boutade employée parfois entre compagnons. Variantes: «Quand on parle des cornes on voit la bête»; «Quand on parle du diable, il nous apparaît.»

RÉPUTATION

451. Quand on ne vaut pas une risée, on ne vaut pas grand'chose.
Proféré en guise de boutade à l'égard de celui qui est la cible de la risée d'autrui.

452. Une réputation perdue ne se retrouve plus.
Petite histoire morale: Un jour l'eau, le feu et la réputation
vont en forêt. L'eau dit: «Si vous me perdez, je serai sous
terre,» le feu dit: «Si vous me perdez et voyez de la fumée
au-dessus de la terre, je serai là,» la réputation dit: «Si vous
me perdez et me cherchez, ne comptez plus me retrouver.»
— Un informateur.

453. Bonne renommée vaut mieux que ceinture dorée.
— La réputation vaut plus que toute richesse.
D'usage général.
Litt. orale, p. 183.

454. A bon nom qui vient de loin.
— L'étranger se donne toujours bonne réputation.
Remarque généralement péjorative. Ressemble dans sa
forme et son contenu à: A beau mentir qui vient de loin.
(no 260)

455. Un héros aujourd'hui, un vaurien demain.
— La gloire est éphémère.
À propos de sport.

RÉVEIL

**456. Deboute les scouts
à terre les pères.** (sic)
Employé souvent pour réveiller quelqu'un.

RISQUE

457. La chance sourit aux audacieux.
En guise d'encouragement à l'endroit de celui qui tente un
coup d'audace.

Planche 9 (450)

En parlant du diable on lui voit les cornes.

Fréchette, Louis, Beaugrand, Honoré, Stevens, P., *Contes d'autrefois*,
Beauchemin, Montréal, 1946, illustration d'Henri Julien, p. 60.

458. **Qui risque rien n'a rien
mais qui n'a rien ne risque rien.**
— Celui qui ne possède rien peut se permettre de risquer beaucoup.
Une utilisation humoristique de la première partie de l'adage, qui tire sa désopilance du contraste: «...comme disait la femme enceinte: qui risque rien n'a rien!»

459. **Qui n'essaie rien n'a rien.**
Employé souvent par celui qui est prêt à risquer gros.

460. **Il n'y a pas de quêteux de riche.**
Formule d'encouragement proférée à l'endroit de celui qui désire prendre un risque.

461. **Qui s'expose au danger périra.**
Litt. orale, p. 184.
«Et, ajouta-t-il (le curé Flavel), en le menaçant du doigt: qui s'expose au danger y périra.» (parlant du danger pour son ami, le curé de Saint-Ildefonse, de garder sa nièce au presbytère) — Rodolphe Girard, *Marie-Calumet,* Éditions Brousseau, 1946, p. 35.

462. **Faut pas tenter le diable.**
— Il ne faut pas s'exposer inutilement au danger.
Concernant la morale ou la religion. Souvent, en parlant d'une tierce personne.

463. **Qui risque tout perd tout.**
Exhortation à ne pas prendre de risques inutiles.

464. **On perd tout en voulant trop gagner.**
Didactique. Employé par celui qui veut mettre en garde contre la cupidité.

465. **Qui risque un oeil les perd les deux.**
— Qui risque un peu s'expose à tout perdre.
Exhortation à ne pas prendre de risques, même peu nombreux.

466. **Si t'as peur de Ti-Paul,
ne va pas en mer, le noroît te tuera.** (sic)
— Si tu as trop peur, ne prends aucun risque car tu y perdras.
Ti-Paul, c'est Ti-Paul Campion, fier-à-bras de Gaspésie, autrefois, dont le prénom est peu à peu passé en proverbe chez les pêcheurs de cette région.

SANTÉ

467. **Santé passe richesse.**
— La santé est préférable à la richesse.

468. **Santé passe richesse reste.**
— La santé, au contraire souvent de la richesse, est éphémère.

469. **Être malade c'est un demi mal, mourir c'est pire.**
Formule d'encouragement proférée à l'endroit d'un malade.

470. **Qui veut aller loin ménage sa monture.**
— Prendre soin de soi assure longue vie.
Pour dire de prendre soin de sa santé.

471. **Où le soleil entre, le médecin n'entre pas.**
Littéral.

472. **Se coucher de bonne heure,**
se lever de bonne heure,
amènent la santé, la richesse et le bonheur.

473. **Qui bâille avant six heures**
se couche après minuit.
À la vue de quelqu'un qui bâille ; dans le sens littéral.

474. **Vaut mieux être riche et en santé**
que pauvre et malade.
Boutade familière ayant son origine dans une maxime connue: «Vaut mieux être pauvre et en santé que riche et malade.»

475. **C'est déjà être malade que de se croire malade.**
Almanach du peuple, 1932, p. 408.
Axiome utilisé par Molière dans son «Malade imaginaire».

476. **Il ne faut pas brûler la chandelle**
par les deux bouts.
— Il ne faut pas s'épuiser.
À l'endroit de celui qui ruine sa santé par excès.

SEXES

477. **Parole de femme, parole de Dieu.**
— Une parole de femme a valeur absolue.
Formule employée par les jeunes filles et les femmes pour appuyer une demande ou corroborer une affirmation. Dit aussi par les hommes, en parlant des femmes.

478. **Ce que femme veut**
Dieu le veut.
— Le désir d'une femme est sacré.
Employé souvent par les femmes et les jeunes filles pour appuyer un désir.

479. **Temps pommelé**
fille fardée
sont de courte durée.
— La coquetterie dure peu chez la femme. Cette formule est aussi un dicton météorologique.
E. Z. Massicotte, «Formulettes, rimettes et devinettes du Canada», *Journal of American Folk-lore,* oct.-déc. 1920, p. 314.

480. **C'est la bonne femme qui fait le bon mari.**
Formule de galanterie employée parfois par l'époux.

481. **L'homme propose et la femme se repose.**
Déformation amusante d'une sentence religieuse bien connue: «L'homme propose et Dieu dispose.» Employé souvent par les femmes.

482. **Vaut mieux avoir dix filles que dix mille.**
Utilisé par les parents. Signifierait que l'on a suffisamment de filles. Variante: «Vaut mieux avoir dix mille que dix filles.» Vaudrait dire dans ce second cas qu'on désire avoir d'autres filles.

483. **Cheminée qui boucane**
femme qui chicane
le diable dans la cabane.
E. Z. Massicotte, «Formulettes, rimettes et devinettes du Canada», *Journal of American Folk-lore,* oct.-déc. 1920, p. 314.

484. Le coq gratte puis (et) la poule ramasse.
— L'homme travaille et l'épouse économise.
S'applique particulièrement à propos d'argent: l'homme travaille, la femme tient les cordons de la bourse. Ainsi, le travailleur remet ses gages à l'épouse qui règle le budget familial.

485. Une poule qui chante comme le coq n'est bonne qu'à tuer.
Almanach des Trois-Rivières, 1913, p. 117.
— Une femme qui veut agir comme un homme perd son charme propre.
Opinion de l'homme concernant la femme.

486. Où il y a de l'homme, il y a de l'hommerie.
— Où il y a des hommes, il y a du ratourage, des choses plus ou moins honnêtes.

SOI ET L'AUTRE

487. Lorsqu'on attend après son voisin pour dîner on dîne bien tard.
Litt. orale, p. 184.
— Il ne faut compter que sur soi-même.

488. Nettoie le devant de ta porte toute la rue sera propre.
— Si chacun s'occupait de ses affaires, nul problème ne se déclarerait.

489. Charité bien ordonnée commence par soi-même.
— Soi avant les autres.
Souvent utilisé par celui qui ne veut ou ne peut aider l'autre. Exprime l'impossibilité d'aider quelqu'un si c'est

au-dessus de sa capacité. À propos d'argent, souvent. Par extension, pour réprouver quelqu'un s'occupant plus de ce qui ne le regarde pas que de ses propres affaires.
Litt. orale, p. 183.

490. **On prêche pour sa paroisse.**
— On privilégie ses propre intérêts avant ceux d'autrui. Ainsi, par exemple, l'un : « Chez moi, c'est très agréable. » L'autre, en réponse au premier : « On prêche pour sa paroisse ! »

491. **Le malheur de l'un fait le bonheur de l'autre.**
Dit généralement par celui qui profite du malheur d'autrui. Ainsi, deux épiciers se font concurrence : l'un passe au feu, l'autre hérite de sa clientèle. Pour ce dernier : « Le malheur de l'un fait le bonheur de l'autre. »

492. **Le malheur de l'un ne fait pas le bonheur de l'autre.**
À l'encontre du proverbe précédent.

493. **Le mal de l'un ne guérit pas le mal de l'autre.**
Va à l'encontre de l'énoncé no 419.

494. **On voit la paille dans l'oeil du voisin mais pas le madrier dans le nôtre.**
— Il est plus facile de s'arrêter aux petits travers d'autrui qu'à ses propres défauts.
Adaptation populaire d'un proverbe biblique connu.

495. **On pardonne à qui sait pardonner.**
Précepte religieux.

496. **Le champ du voisin paraît toujours plus beau.**
— Ce qui nous est étranger nous semble toujours préférable.

497. **Ce qui mijote dans la marmite du voisin paraît toujours meilleur.**
— Signification identique à celle du proverbe précédent.

498. **On ne sait pas ce qui bouille dans la marmite du voisin.** (sic)
— On ne sait pas ce qui se trame derrière son dos.
Variantes: «On ne sait jamais ce qui bout dans la marmite du voisin.» *Litt. orale*, p. 184; «On ne connaît pas ce qui bout dans la marmite du voisin». — *Civ. trad.*, p. 159.

499. **Il faut se défier de tout le monde.** (sic)
— Il faut se méfier de tous et chacun.

500. **Le nez le plus long n'est pas toujours le meilleur senteur.**
— Celui qui est le plus curieux n'est pas toujours le plus perspicace.
Remarque à l'endroit d'une personne par trop curieuse.

501. **Il ne faut pas mettre les doigts entre l'écorce et l'arbre.**
— Vaut mieux ne pas s'ingérer dans un conflit étranger.
Variante: «Il ne faut pas mettre le doigt entre l'arbre et l'écorce»
— *Litt. orale*, p. 184.
Une version française: «Il ne faut pas mettre le doigt entre le bois et l'écorce.»

502. **Qui s'y frotte s'y pique.**
— Se mêler des affaires d'autrui appelle les difficultés.

503. **Quand je me regarde je me désole, quand je me compare je me console.**
Pour se consoler de son propre malheur.

504. Vaut mieux faire envie que faire pitié.

505. Un secret partagé perd sa valeur.
Pour dire qu'il est imprudent de partager un secret.
Employé notamment par celui dont un secret a déjà été
trahi.

**506. Qui a un toit de verre
ne tire pas de pierre chez son voisin.**
— Qui est vulnérable ne cherche pas à nuire à autrui.
Traduction d'un proverbe d'origine anglaise: «Whose
house is of glass must not throw stones at another.» —
George Herbert (1539-1633) cité par John Bartlett,
Familiar Quotations, Little, Brown and Co., Boston,
Toronto, 1955.

507. On ne sent pas sa marde.
— On ne s'aperçoit pas de ses propres défauts.
Proféré à l'endroit de celui qui jette trop rapidement le
blâme sur autrui.

**508. Collé hier
collé aujourd'hui
collé demain.**
Proféré à l'endroit de quelqu'un qui est toujours sur
nos talons. On dira également cette formule à celui que
l'on aperçoit souvent en compagnie de la même personne. Variantes: «Colleux hier/ colleux aujourd'hui/
colleux demain»; «Pogné hier/ pogné aujourd'hui/
pogné demain.»

SOUHAIT

509. **Si on maudit n'importe quoi,
    on n'aura jamais de chance.**

510. **Qui souhaite mal souvent vous arrive.**
    Voir aussi l'énoncé no 191.

511. **Pas de mauvais vent
    qui n'apporte quelque chose de bon.**
    — Les pires malheurs ont, par quelque côté, un aspect
    favorable.
    Concernant notamment les mauvaises rumeurs. Proverbe
    d'origine présumément anglaise.

SPIRITUALITÉ

512. **La crainte du Seigneur
    est le commencement de la sagesse.**
    En guise de boutade, entre enfants surtout. Variante: «La
    crainte est le commencement de la sagesse.»

513. **L'essentiel c'est le ciel.**
    Quoi qu'il advienne, pense-t-on, l'important est de se
    mériter le ciel. Formule popularisée dans une émission à
    caractère religieux, à la radio, il y a quelques années.

514. **Près de l'église loin de Dieu.**
    — Qui demeure près de l'église est souvent peu pratiquant.
    Formule qui remonterait à 1300 après J.-C.

SUPPOSITION

515. **Si les cochons avaient des ailes,**
ça ferait des beaux serins.
Croyances et dictons, p. 170.
Pour se moquer d'une supposition absurde.

516. **Avec un «si» on va à Paris,**
avec un «ça» on reste là.
Pour se moquer également d'une supposition absurde.

517. **Si les chiens chiaient des haches,**
ils se fendraient le cul.
— Inutile de faire des suppositions imaginaires.
Par exemple: «Si j'avais un million ... L'autre: «Si les chiens chiaient des haches, ils se fendraient le cul.»
Également pour se moquer d'une supposition absurbe.
Variantes: «Si tous les chiens de Paris avaient des scies 'y auraient plus de poteau»; «Si les chiens chiaient des scies il se scieraient le cul.»

518. **Si les chiens avaient des scies,**
il n'y aurait pas de poteaux.
— Même signification.

519. **En riant les chiens mordent.**
Civ. trad., p. 159.

TEMPS

520. **Les jours se suivent mais ne se ressemblent pas.**
— Les jours se succèdent et appellent le changement.
Pour dire que demain apportera autre chose.

521. **On ne sait jamais ce qui nous pend au bout du nez.**
— Nul ne connaît ce que l'avenir lui réserve.

522. **Le temps c'est de l'argent.**
Formule souvent employée dans les affaires, voulant dire que le temps est précieux, qu'il s'agit d'en profiter au maximum.

523. **Avant l'heure c'est pas l'heure,
après l'heure c'est plus l'heure.**
— Trop tôt n'est pas mieux que trop tard.
Normatif. Remontrance à l'endroit de celui qui n'a pas été
ponctuel. Ainsi, à celui qui n'est pas à l'heure à un rendez-
vous: «Avant l'heure c'est pas l'heure, après l'heure c'est
plus l'heure.»

524. **Vaut mieux arriver en retard
qu'arriver en corbillard.**
— Vaut mieux être en retard que risquer sa vie par
imprudence.
En guise de remontrance. Dit aussi par celui à qui on
reproche une lenteur ou une prudence excessive.

525. **Petit lundi, grosse semaine.**
Litt. orale, p. 184.
Cette formule peut être inversée: «Gros lundi, petite
semaine.» — dans une série télévisée.

526. **Petit lundi, la semaine s'en suit.**
Litt. orale, p. 184.
Va à l'encontre de l'axiome précédent.

527. **Le trois fait le mois.**
— Une situation se produisant le trois préfigure celle
qui prévaudra durant tout le mois.
A souvent une connotation de mauvais augure.

TRAVAIL

528. **Il n'y a pas de plaisir sans peines.**
Civ. trad., p. 159.

Par exemple, à une mère venant d'enfanter, ses proches lui diront pour la consoler de ses douleurs: «Il n'y a pas de plaisir sans peines.»

529. On n'a rien sans peine.

530. Le travail ne fait pas mourir son homme.
Didactique. Variante: «Le travail ne fait jamais mourir personne.»

531. Le travail, c'est la santé.
Didactique.

532. Chien qui marche, os trouve.
— Celui qui travaille atteint le but qu'il s'est fixé.

533. Il ne faut pas chier sur l'bacul. (sic)
— Il ne faut pas dédaigner le travail.
Didactique. Le bacul est une pièce de bois de l'avant-train d'une voiture, à laquelle s'attachent les traits des chevaux. À ce propos, une expression connue: «Travailler comme un cheval.»

534. Il faut semer pour récolter.
— Il faut travailler pour réussir.
Didactique.

535. L'abeille qui reste au nid n'amasse pas de miel.
— Celui qui ne travaille pas n'est pas rémunéré.
Celui qui reste à la maison au lieu d'aller travailler peut être assuré de ne jamais réussir.

**536. Celui qui se laisse battre par le soleil
ne devient jamais riche.**
Litt. orale, p. 183.

Planche 10 (534)

Il faut semer pour récolter.

Julien, Henri, *Album*, Beauchemin, Montréal, 1916, « Les labours », p. 25.

— «Celui qui ne sait pas se lever assez tôt le matin ne deviendra jamais riche.» — (*id.*)

**537. Il n'y a pas de sots métiers,
il n'y a que de sottes gens.**
— Tous les métiers méritent respect.
Maxime «savante».

538. L'appétit vient en mangeant.
— Le goût se développe par la pratique.
Allusion au travail. Aussi, au sens littéral, pour inviter quelqu'un qui n'a pas d'appétit à manger.

**539. L'ouvrage dure plus longtemps
que ça prend de temps pour le faire.**
— Un travail fait mérite d'être bien fait.
En Beauce. Pour dire qu'il vaut mieux ne pas se hâter dans l'exécution d'un projet.

**540. Un mauvais ouvrier
a toujours des mauvais outils.** (sic)
— Celui qui est malhabile jette toujours le blâme sur quelque chose ou quelqu'un d'autre.
Proféré à l'endroit de celui qui n'accepte pas un blâme mérité.
Prov. fran.: Maveis ovriers ne trovera ja bon ostil. (XIIIe siècle)

541. On liche toujours son veau. (sic)
— On aime toujours son oeuvre.
Quoique les autres en pensent, on préfère toujours ce qui est à soi. S'oppose plus ou moins à (423) et (424).

542. Qui bâtit pâlit.
— Trop travailler épuise.

543. La peine emporte le profit.

— Le travail ne vaut pas souvent le profit qu'on en retire.

Par celui qui est désabusé. Variante: «La peine emporte le plaisir.»

544. Robe de velours éteint le feu à la maison.

— Étant trop bien habillé, on ne peut travailler.

Reproche de l'époux à sa femme trop bien habillée et qui, comme on dit parfois, «ne sait rien faire de ses dix doigts.»

545. Trente-six métiers, trente-six misères.

— Être habile en tout ne fait un spécialiste en rien.

Concernant celui qui jouit d'une grande habileté mais vit néanmoins dans la misère. Formule proférée souvent chez les plus pauvres. Variantes: «Cent métiers, cent misères.» «Mille métiers, mille misères.»

546. Il y a cinq cents de différence entre celui qui travaille pas et celui qui travaille, c'est celui qui travaille pas qui l'a. (sic)

— Celui qui ne travaille pas reçoit plus que celui qui travaille.

Conception populaire du «droit à la paresse». Ainsi dira celui qui travaille d'arrache-pied et voit son voisin ne travaillant pas mais qui, néanmoins, est plus favorisé que lui: «Il y a cinq cents...»

547. Plus un singe monte dans un arbre, plus il monte sur les fesses.

— Plus on monte haut dans la hiérarchie sociale, moins on a à travailler manuellement.

Pourrait posséder une connotation sexuelle dans certaines de ses applications.

VÉRITÉ

548. **Toute vérité n'est pas bonne à dire.**
Didactique. Exhortation à ne pas révéler quelque chose de véridique mais pouvant s'avérer préjudiciable.

549. **La vérité choque.**
Dit à l'endroit de celui qui se fâche à l'écoute d'une vérité désagréable le concernant. Variante : « Il n'y a que la vérité qui blesse. »

550. **La vérité revient à son maître.**
— La vérité, tôt ou tard, se fait entendre.

VIE

551.   Il faut prendre la vie par le bon bout.
— Il faut prendre la vie par son côté agréable.

**552.   La vie est un combat
dont la palme est aux cieux.**
Maxime religieuse.

**553.   Il est si vrai qu'à tout on s'habitue
que celui qui change ses habitudes se tue.**
Formule savante.

554.   On sera plus longtemps couché que debout.
— Le temps presse pour agir.
Pour dire que lorsqu'on sera mort, on aura tout le temps
de se reposer, donc qu'il faut agir pendant qu'il en est encore temps.

VOL

555.   Farine de diable retourne en son.
— Les profits malhonnêtes sont dilapidés rapidement.
Par exemple, à propos de «bootleggers» fabriquant de
la «flaquatoune» et de la «baboche» (espèces d'alcools
frelatés), on pourra employer ce proverbe. Variantes:
«L'argent du diable vire en son.» — *Civ. trad.*, p. 159;
«Farine du diable retourne en son.» — *Litt. orale*,
p. 183; «L'argent du diable retourne en son»; «Farine
de diable tourne en son» — J. C. Dupont, *Le Monde
fantastique de la Beauce québécoise*, p. 95.

556. Bien mal acquis ne profite jamais.
Parlant de quelqu'un qui a acquis des biens
malhonnêtement. Variante: «Le bien d'autrui mal acquis
n'enrichit pas» — *Litt. orale*, p. 183.

**557. On n'entre pas au ciel
avec l'épingle d'un autre.**
— On ne gagne rien au mérite d'autrui.
Voulant dire qu'il est inutile de tenter de s'accaparer du
mérite qui appartient de droit à autrui.

**558. L'oiseau, pour voler,
ça lui prend toutes ses plumes,
mais toi, ça t'en prend rien qu'une. (sic)**
Pour exprimer sa colère à l'endroit de celui qui tente de
berner quelqu'un dans un contrat écrit. Utilisé, par
exemple, à l'égard d'un notaire ou d'un commerçant
quelconque.

**559. Celui qui tient la poche
est aussi pire que celui qui met dedans.**
— Celui qui coopère à un acte malhonnête est coupable
au même titre que son comparse.
Vérité morale. Variantes: «Celui qui tient la poche est
aussi coupable que celui qui met dedans»; «Celui qui
tient le sac est aussi coupable que celui qui vole.»
— Film «Les smattes».

560. Qui vole un oeuf vole un boeuf.
— Les petites malhonnêtetés mènent aux grandes.
Remontrance à l'endroit d'un enfant ayant commis un vol
mineur. Variante: «Ça commence par un oeuf, ça finit par
un boeuf.» Semble avoir des affinités avec un proverbe po-

pulaire français en usage au XVe siècle: «Au pauvre un oeuf vaut un boeuf.» — *Prov. fran.*

561. Un voleur qui en vole un autre, le diable en rit.
— Voler un voleur n'est pas répréhensible en soi.
Variantes: «Voler un voleur, le diable en rit»; Autres variantes: «Un voleur qui est volé, le diable en rit»; «Un voleur qui vole un autre voleur, le diable en rit.» J. C. Dupont, *Le Monde fantastique de la Beauce québécoise*, p. 95.

562. Mourra plutôt la vache d'un pauvre homme.
Litt. orale, p. 184.
«Tel escroc sous le joug duquel il faut vivre.» *(id.)*

VOLONTÉ

563. Qui veut peut.
Variante: «Vouloir c'est pouvoir.»

564. Le pouvoir est moins fort que le vouloir.
Axiome non conforme au précédent.

565. Tout arrive plus vite à qui court après.
— Qui recherche quelque chose le trouve plus rapidement. Par opposition à celui qui croit que tout viendra à lui sans qu'il ait vraiment à chercher.

566. On ne peut pas faire sortir du sang d'un navet.
— Ça ne sert à rien de vouloir l'impossible.
Parfois, pour parler de quelqu'un que l'on croit imbécile ou insensible à l'extrême.

567. Aide-toi et le ciel t'aidera.
— Fais un effort et la providence viendra bien à ton aide.
Ainsi, à un enfant ne faisant aucun effort, les parents diront justement cet axiome.

568. L'exception confirme la règle.
Axiome d'un usage général.

DIVERS

569. Chassez le naturel, il revient au galop.
— Rien ne sert de vouloir cacher sa vraie personnalité, elle réapparaît toujours.
Formule d'usage général.

570. À tout proverbe on peut trouver sa chaussure.
— À tout proverbe s'applique une réalité.
Voulant dire qu'on peut toujours trouver un quelconque événement auquel un proverbe s'applique. Signifie, autrement dit, qu'il est quasiment possible d'affirmer n'importe quoi à la condition d'user des bons proverbes.

571. Faut pas mettre un cautère (notaire) sur une jambe de bois. (sic)

572. Jeu de mains, jeu de vilain.
Souvent, pour dire à des enfants de cesser de se battre.
Aussi, en guise de remontrance voilée au jeune homme trop entreprenant à l'endroit d'une amie.

573. C'est pas drôle la vie d'artiste surtout quand on n'est pas acteur.
Boutade familière proférée à celui qui ne cesse de se plaindre. La première partie de la formule peut être dite en guise de plainte. La deuxième partie est alors utilisée par l'interlocuteur comme réplique.

LISTE DES ÉNONCÉS[1]

L'**abeille** qui reste au nid n'amasse pas de miel.
Advienne que pourra.
Les **affaires** sont les affaires.
Peu d'**aide** fait grand bien.
Aide-toi et le ciel t'aidera.
Quand on n'a pas ce qu'on **aime**, on chérit ce qu'on a.
Qui **aime** bien châtie bien.
Vaut mieux souffrir d'avoir **aimé**
que de souffrir de n'avoir jamais aimé.

L'**air** ne fait pas la chanson.
L'**ambition** fait mourir son maître.

[1] La liste est classée alphabétiquement selon l'ordre des mots caractéristiques apparaissant dans les énoncés. Le mot caractéristique est en caractère gras.

Il ne faut pas **ambitionner** sur le pain bénit.

L'**amitié**, c'est l'amour en habit de semaine.

Tout **amour** qui passe l'eau se noie.

Chanceux aux cartes, malchanceux en **amour.**

Malchanceux aux cartes, chanceux en **amour.**

Il n'y a pas d'**amour** sans jalousie.

La haine meurt où l'**amour** naît.

L'**amour** est aveugle.

L'**amour** fait le bonheur.

Coeur **amoureux** soupire pour deux.

En parlant des **anges** on leur voit les ailes.

Il y a toujours **anguille** sous roche.

Sauvez les **apparences** et vous sauvez tout.

Beaucoup sont **appelés,** peu sont élus.

L'**appétit** vient en mangeant.

On **apprend** toujours à ses dépens.

L'**argent** du diable retourne en son.

L'**argent** ne fait pas le bonheur
mais contribue à la bonne humeur.

L'**argent** ne rentre pas par la porte
mais sort par les fenêtres.

L'**argent** contrôle le pays.

L'**argent** ne pousse pas dans les arbres.

L'**argent** fait bien le bonheur.

Le plus petit **arrangement**
vaut mieux que le meilleur procès.

Arrive qui plante.

Qui s'**assemblent** se ressemblent.

Cinq minutes **assis** vaut mieux que dix minutes debout.

Pourquoi **attendre** à c't'arlevée
pour faire ce que tu peux faire c't'a matinée?

Tout arrive à point à qui sait **attendre.**

L'**aumône** n'appauvrit pas.

Une personne **avertie** en vaut deux.

Un bon **avertissement** en vaut deux.

Qui **bâille** avant six heures se couche après minuit.

Ça commence par un **baiser** ça finit par un bébé.

C'est triste la mort de **Baptiste.**
Qui **bâtit** pâlit.

La **beauté** n'apporte pas à dîner,
la laideur n'apporte pas à souper.

La **beauté** avant l'âge.

On ne peut pas tous être **beaux** et savoir téléphoner.

Les **bébés** ne sont pas tous dans les carosses.

L'abondance de **bénédictions** ne nuit pas.

Dans le **besoin** on connaît ses amis.

En parlant de la **Bête** on lui voit la tête.

La beauté s'en va mais la **bête** reste.

Fais du **bien** à un cochon
et il viendra chier sur ton perron.

Faites du **bien** aux humains,
ils vous feront dans les mains.

Faites le **bien** et vous ferez des ingrats.

Celui qui mange son **bien** en harbe
à la fin mange de la marde.

Bien mal acquis ne profite jamais.

Il ne faut pas s'embarquer sans **biscuits.**

Se coucher de **bonne heure**, se lever de bonne heure
amènent la santé, la richesse et le bonheur.

Que celui à qui le **bonnet** fait le mette.

On ne sait pas ce qui **bouille** dans la marmite du voisin.

On **bourre** sa pipe avec le tabac qu'on a.

On ne mesure pas un homme à la **brasse.**

Qui a **bu** boira, dans sa peau mourra le crapotte.

On ne tire pas de **canon** pour écraser une punaise.

Quand la corde est trop raide, elle **casse.**

On n'est pas juge dans sa propre **cause.**

Les **caves** ne sont pas toutes en-dessous des maisons.

Chacun son métier et les vaches seront bien gardées.

Chacun sent son mal.

Chacun dans son verre.

La **chance** sourit aux audacieux.

Il ne faut pas brûler la **chandelle** par les deux bouts.

La **charité** n'a jamais appauvri.

Charité bien ordonnée commence par soi-même.

Il ne faut pas mettre la **charrue** devant les boeufs.

Un bon **chasseur** sachant chasser
doit savoir chasser sans son chien.

À bon **chat** bon rat.

Quand le **chat** est parti les souris dansent.

La nuit tous les **chats** sont gris.

Ne réveille pas le **chat** qui dort.

Il faut battre le fer quand il est **chaud.**

Chaque **chaudron** trouve son couvert.

Beau **chemin** ne rallonge pas.

Les meilleurs **chemins** sont toujours les plus courts.

Un petit **chez-nous** vaut un grand ailleurs.

Chie le boeuf, il y a de la paille.

Chien qui marche, os trouve.

Un **chien** qui va à la chasse perd sa place.

Un **chien** vaut mieux que deux petits verrats.

Tout **chien** qui aboie ne mord pas.

Un **chien** regarde bien un évêque.

Un bon **chien** en fait pisser un autre.

Il ne faut pas tuer son **chien**
parce que l'année est mauvaise.

**Il n'est pas permis de tuer le chien pour sauver la queue
de la chatte.**

Si les **chiens** avaient des scies,
il n'y aurait pas de poteaux.

Si les **chiens** chiaient des haches,
ils se fendraient le cul.

En riant les **chiens** mordent.

Il ne faut pas **chier** sur l'bacul.

**Vous ne pouvez pas empêcher un chien de chier sur une
église.**

Qui **choisit** prend pire.

On **choisit** ses amis mais on ne choisit pas ses parents.

L'essentiel c'est le **ciel**.

On n'entre pas au **ciel** avec l'épingle d'un autre.

Rien comme les vieux **ciseaux** pour couper la soie.

Qui n'entend qu'une **cloche** n'entend qu'un son.

Ne mets jamais la **clôture** avant de planter les piquets.

À force de taper sur le **clou** on finit pas l'enfoncer.

Chaque patte veut son **clou**.

Cochon, cochon et demi.

Ça ne se saoule pas un **cochon**.

On n'engraisse pas les **cochons** à l'eau claire.

Si les **cochons** avaient des ailes,
ça ferait des beaux serins.

On n'a jamais gardé les **cochons** ensemble.

Mains froides, **coeur** chaud.

Tu ne peux pas empêcher un **coeur** d'aimer.

Il faut toujours remettre sa **colère** au lendemain.

Collé hier, collé aujourd'hui, collé demain.

On ne trouve pas de **colombes** dans un nid de corbeaux.

Quand je me regarde je me désole,
quand je me **compare** je me console.

Il ne faut point **compter** ses poulets
avant qu'ils soient éclos.

Les bons **comptes** font les bons amis.

La nuit porte conseil.

Coeur **content** soupire souvent.

Tout **coq** qui chante le matin
a souvent le cou cassé le soir.

Il ne faut pas faire la **corde** avant le veau.

On ne parle pas de **corde** dans la maison d'un pendu.

Il faut toujours avoir deux **cordes** à son arc.

La femme du **cordonnier** est toujours mal chaussée.

Il faut voir les deux **côtés** de la médaille.

Les cornichons ne sont pas tous dans les pots.

Tel on fait son lit, tel on se **couche.**

On sera plus longtemps **couché** que debout.

Quand on est né couillon, on couillonne.

Tout arrive plus vite à qui **court** après.

Une fois n'est pas **coutume.**

Ce sont toujours les **couturières**
qui sont toujours les plus mal habillées.

Crache en l'air, tombe sur le nez.

La **crainte** du Seigneur est le commencement de la sagesse.

Dans la peau mourra le **crapaud.**

Tout ce qui **craque** ne casse pas.

Heureux les **creux** car le royaume des cieux est à eux.

La **croûte** avant la mie.

Tant va la **cruche** à l'eau, tant elle se brise.

Qui s'expose au **danger** périra.

Après l'hiver 'y a toujours une **débâcle.**

Le **débit** fait le profit.

Deboute les scouts, à terre les pères.

Défaut reconnu est à moitié pardonné.

Chacun ses qualités, chacun ses **défauts.**

Il faut se **défier** de tout le monde.

Demandez et vous recevrez.

Le **dernier** vaut mieux que le premier.

On ne **déterre** pas les morts.

En parlant du **diable** on lui voit les cornes.

Faut pas tenter le **diable.**

Plus le **diable** en a plus il veut en avoir.

L'homme propose et **Dieu** dispose.

Dieu frappe d'une main et récompense de l'autre.

Dieu châtie ceux qu'il aime.

Dieu est parti, les enfants s'amusent.

Lorsqu'on attend après son voisin pour **dîner,**
on dîne bien tard.

Bon **dîneur**, mauvais dormeur.

Qui ne **dit** mot consent.

On ne **dit** pas deux fois la messe pour les sourds.

Il ne faut pas mettre les **doigts**
entre l'écorce et l'arbre.

Tel que t'es **dompté**, tel que tu y restes.

À cheval **donné** on ne regarde pas la dent.

Donner tout de suite c'est donner deux fois.

On aime mieux **donner** que recevoir.

Donnez de l'avoine à un âne, il vous pétera au nez.

Qui **dort** dîne.

La **douceur** vaut mieux que la rigueur.

À chacun son **dû.**

Temps pommelé, fille fardée sont de courte **durée.**

Il faut mettre de l'**eau** dans notre (ou son) vin.

Chat **échaudé** craint l'eau froide.

Près de l'**église**, loin de Dieu.

Qui donne à l'**Église** donne à Dieu.

Qui trop **embrasse** manque son train.

Qui trop **embrasse** mal étreint.

Où commence l'**emprunt** finit l'amitié.

Il vaut mieux **endurer** sa bête que de la tuer.

Petite **enseigne**, gros magasin.

La meilleure **entente** vaut mieux qu'un procès.

Vaut mieux faire **envie** que faire pitié.

Si les roses ont des **épines**,
sous les épines se cachent les roses.

Erreur n'est pas compte.

L'**erreur** est humaine.

Qui n'**essaie** rien n'a rien.

Il y a plus d'une façon d'**étrangler** un chat.

Étudier vaut mieux qu'ignorer.

L'**exception** confirme la règle.

Expérience passe science.

La **faim** fait sortir le loup du bois.

Bien **faire** vaut mieux que bien dire.

Petite cuisine, grosse **famille**.

Farine de diable retourne en son.

Faute avouée est à moitié pardonnée.

Faute d'un point, Martin a perdu son bien.

L'homme propose et la **femme** se repose.

C'est la bonne **femme** qui fait le bon mari.

Ce que **femme** veut, Dieu le veut.

Parole de **femme**, parole de Dieu.

Qui prend **femme** prend paroisse.

Ce n'est pas tous les jours **fête**.

Une maison sans **feu** est comme un corps sans âme.

Grand **feu** de paille n'a rien qui vaille.

Quand le **feu** prend à la maison les souris sortent.

C'est pas parce qu'il y a de la neige sur la couverture qu'il n'y a plus de **feu** dans le poêle.

Il n'y a pas rien qu'un chien qui s'appelle **Fido**.

Vaut mieux avoir dix **filles** que dix mille.

Telle vie, telle **fin**.

Qui commence bien **finit** bien.

Il paraît qu'il y a des **fleurs** qui poussent sur un (ou les) tas de fumier.

Contre la **force** pas de résistance.

On ne mène pas un chien de **force** à la chasse.

C'est en **forgeant** qu'on devient forgeron.

Le plus **fort** aura toujours le meilleur.

Au plus **fort** la poche.

Les **fous** ne sont pas tous dans les asiles.

Il y a plus de **fous** en liberté qu'enfermés.

Fricot chez nous, pas d'école demain.

Qui s'y **frotte** s'y pique.

Il n'y a pas de **fumée** sans feu.

Plus on est de fous plus on a de «**fun**».

Faute de pain on mange la **galette**.

Il faut se **garder** une poire pour la soif.

Où il y a de la **gêne**, il n'y a pas de plaisir.

Les **goûts** ne sont pas à discuter.

Sauve la **graisse**, les cortons brûlent.

Graisse les bottes d'un cochon et il te botte le cul avec.

Plus on **gratte**, plus ça démange.

Ce n'est pas aux vieux singes
qu'on apprend à faire la **grimace**.

On ne va pas à la **guerre** sans qu'il en coûte.

À la **guerre** comme à la guerre.

On ne juge pas l'oiseau à son **habit.**

L'**habit** ne fait pas le moine.

Il est si vrai qu'à tout on s'**habitue**
que celui qui change ses habitudes se tue.

Dis-moi qui tu **hantes**, je te dirai qui tu es.

Chien **hargneux** a toujours l'oreille déchirée.

Un **héros** aujourd'hui, un vaurien demain.

Avant l'**heure** c'est pas l'heure,
après l'heure c'est plus l'heure.

Quand on est **heureux** on fait tout pour être malheureux.

Celui qui se mettra **homici'** périra.

Où il y a de l'homme il y a de l'**hommerie**.

On ne va pas chercher son **honneur** en cour.

À tout seigneur tout **honneur**.

Qui veut les **honneurs** les paye.

Il n'y a que les fous qui ne changent pas d'**idée**.

L'**ignorance**, c'est comme la science, ça n'a pas de borne.

Jean qui rit, Jean qui pleure.

Jeu de mains, jeu de vilain.

Si **jeunesse** savait, si vieillesse pouvait.

La **jeunesse** pour construire, la vieillesse pour mourir.

Les **jours** se suivent mais ne se ressemblent pas.

Il y a plus **jours** que de semaines.

Où il y a de l'argent, les **Juifs** y sont.

Faut pas **lâcher**.

Qui **laisse** sa chaise l'hiver la perd.

Ce qu'on **laisse** sur la table fait plus de bien
que ce qu'on y prend.

Il faut se tourner la **langue** sept fois avant de parler.

Avec une **langue** on peut aller à Rome.

Mieux vaut **laver** son linge sale en famille.

Qui va **lentement** va sûrement.

On **liche** toujours son veau.

Faut jamais courir deux **lièvres** à la fois.

Pour apprendre à **lire** il faut aller à l'école.

La **loi** c'est la loi.

Loin des yeux, loin du coeur.

Au printemps, tous les **loups** sont maigres.
Petit **lundi,** grosse semaine.

Petit **lundi,** la semaine s'ensuit.

On voit la paille dans l'oeil du voisin
mais pas le **madrier** dans le nôtre.

Le **mal** de l'un ne guérit pas le mal de l'autre.

C'est déjà être **malade** que de se croire malade.

Le **malheur** de l'un fait le bonheur de l'autre.

Le **malheur** de l'un ne fait pas le bonheur de l'autre.

À quelque chose **malheur** est bon.

Un **malheur** en attire un autre.

Quand le **malheur** entre dans une maison,
il faut lui donner une chaise.

Si vous **mangez** du curé vous ne le digérerez pas.

Quand la **manne** passe il faut la prendre.

On ne sent pas sa **marde.**

Plus tu brasses la **marde,** plus elle pue.

Il ne faut jamais remuer la vieille **marde.**

Qui prend **mari** prend pays.

Tel on prépare son **mariage,** tel on y vit.

Le **mariage,** c'est un brassement de paillasse
que tout en craque.

Le **mariage** est un p'tit bonheur
qui monte au deuxième étage pour faire son lavage.
On **marie** un homme, on marie une famille.
Marie-toi tu fais bien, marie-toi pas tu fais mieux.
Marie-toi devant ta porte avec quelqu'un de ta sorte.
Quand les filles sont mariées, on trouve des **marieux**.
Il ne faut pas laisser voir ce qui bout dans sa **marmite**.
Quand la **marmite** bouille trop fort, ça finit par sauter.
Avant d'être capitaine il faut être **matelot**.
Si on **maudit** n'importe quoi, on n'aura jamais de chance.
Aux grands **maux** les grands remèdes.
«**Me** myself and I.»
Faut pas **mélanger** les torchons et les serviettes.
Courte **mémoire** a bonne jambe.
Bon pêcheur, bon **menteur**.
Quand la **mesure** est comble, elle renverse.
Il n'y a pas de sots **métiers**, il n'y a que de sottes gens.
Trente-six **métiers**, trente-six misères.
Il ne faut pas **mettre** trop de fer au feu.
Sauvez les **meubles**.
On **meurt** comme on a vécu,
un doigt dans l'oeil et l'autre dans le cul.
Si le vieux **meurt** de vieillesse,
sa vieille aura besoin de se serrer les fesses.
La **misère**, c'est pas pour les chiens.
Le **monde,** c'est une beurrée de marde,
plus ça va moins il y a de pain.
Chaque pays fournit son **monde**.
Ça prend toute sorte de **monde** pour faire un monde.
Tout ce qui **monte** doit redescendre.
Mort souhaitée, vie prolongée.
Que celui qui se sent **morveux** se mouche.

Avec un **mot** on peut pendre un homme.

On n'attire pas les **mouches** avec du vinaigre.

On attire plus de **mouches** avec du miel qu'avec du fiel.

Être malade, c'est un demi mal, **mourir** c'est pire.

Mourra plutôt la vache d'un pauvre homme.

Il y a toujours moyen de moyenner.

Pour arriver à ses fins, tous les **moyens** sont bons.

Qui veut la fin veut les **moyens**.

Quand le fruit est **mûr**, il tombe.

Quand le blé est **mûr**, on le fauche.

Quand on est à l'eau, il faut **nager**.

Chassez le **naturel**, il revient au galop.

On ne peut pas faire sortir du sang d'un **navet**.

Le **nez** le plus long n'est pas toujours le meilleur senteur.

Un gros **nez** ne dépare jamais un beau visage.

Chaque oiseau trouve son **nid** beau.

Tous jours ne sont pas **noces**.

Il n'est joie que de **noces**.

Qui va à **noces** sans prier s'en revient sans dîner.

On ne va point aux **noces** sans manger.

A bon **nom** qui vient de loin.

Faut pas mettre un cautère (**notaire**) sur une jambe de bois.

Les nouilles ne sont pas toutes dans la soupe.

C'est plus facile d'**obéir** que de commander.

C'est l'**occasion** qui fait le larron.

Il ne faut pas mettre tous ses **oeufs** dans le même panier.

Qui casse ses **oeufs** les perd.

L'**oiseau** pour voler ça lui prend toutes ses plumes
mais toi ça t'en prend rien qu'une.

En parlant de l'**oiseau** on lui voit la queue.

Petit à petit l'**oiseau** fait son nid.

Dans les petits pots les bons **onguents,**
dans les grands les excellents, la mauvaise herbe pousse vite.

Dans les petits pots les meilleurs **onguents.**

L'**or** n'a pas d'odeur.

Les murs ont des **oreilles.**

Un bon **os** ne tombe jamais dans la gueule d'un bon chien.

L'**ouvrage** dure plus longtemps
que ça prend de temps pour le faire.

Vingt fois sur le métier remettez votre **ouvrage.**

Un mauvais **ouvrier** a toujours de mauvais outils.

Qui **paie** ses dettes s'enrichit.

Quand on est né pour un petit **pain,**
on reste avec un petit pain.

Celui qui est né pour un petit **pain**
n'en aura jamais un gros.

Si tu manges ton **pain** blanc en premier,
tu manges ton pain noir plus tard.

Celui qui jette son pain en riant le ramasse plus tard en pleurant.

Pourquoi voir le vicaire quand on peut voir le Pape.

On **pardonne** à qui sait pardonner.

La **paresse** est la mère de tous les vices.

Paris (ou Rome) ne s'est pas fait en un jour.

Parle, parle, il en restera toujours quelque chose.

Trop **parler** nuit, trop gratter cuit, trop tirer casse.

Grand **parleur** petit faiseur.

On prêche pour sa **paroisse.**

Les **paroles** s'envolent mais les écrits restent.

Dans un grand vaisseau on met une petite **part.**

Il faut faire la **part** des choses.

Partir c'est mourir un peu.

Rien ne sert de courir il faut **partir** à point.

Il n'y a que le premier **pas** qui coûte.

Ce qui est **passé** est passé.

Avec de la **patience** on vient à bout de tout.

Ce qu'on fait au **pauvre** on le fait au bon Dieu.

Celui qui donne au **pauvre** prête à Dieu.

Les **pauvres** sont les amis de Dieu.

Pauvreté n'est pas vice.

Payez et vous serez considéré.

On est plus réduit à sa **peau** qu'à sa chemise.

Qui va à la **pêche** perd sa chaise.

Tu meurs toujours par où tu as **péché**.

Un bon **pêcheur** meurt debout dans sa barque.

À chaque jour suffit sa **peine**.

La **peine** emporte le profit.

On n'a rien sans **peine**.

Il n'y a pas de plaisir sans **peines**.

On ne sait jamais ce qui nous **pend** au bout du nez.

À **penser** on devient pensu.

Qui gagne **perd**.

On **perd** tout en voulant trop gagner.

Une de perdue, dix de retrouvées.

Tel **père** tel fils, telle mère telle fille.

À **père** avare fils prodigue.

Perte d'argent n'est pas mortelle.

Les petites **pétaques** sont pas grosses.

Laissons **péter** le renard.

Si t'as **peur** de Ti-Paul, ne va pas en mer,
le noroît te tuera.

Pierre qui roule n'amasse pas mousse.

Qui a un toit de verre
ne tire pas de **pierre** chez son voisin.

On ne peut pas **plaire** à tout le monde
et à son père en même temps.

On marche toujours de travers sur un **plancher**
qui nous appartient pas.

Ça fait **plaisir** de faire plaisir.

Quand la poche est **pleine**, elle renverse.

Tout ce qui **plie** ne casse pas.

Après la **pluie** le beau temps.

Ce n'est pas le **plumage** qui fait l'oiseau.

Le **plumage** fait l'oiseau.

Celui qui tient la **poche**
est aussi pire que celui qui met dedans.

Il ne faut pas préparer la **poêle** avant d'avoir le poisson.

Nettoie le devant de ta **porte**, toute la rue sera propre.

C'est toujours la **poule** qui cacasse qui pond.

Une **poule** qui chante comme le coq n'est bonne qu'à tuer.

Le coq gratte puis (et) la **poule** ramasse.

La **poussière** avant le balai.

Premier arrivé, premier servi.

Vaut mieux **prévenir** que guérir.

On ne **prie** pas pour les descendants.

D'un **procès** le gagnant sort en queue de chemise,
le perdant tout nu.

Chose **promise**, chose due.

Personne n'est **prophète** dans son pays.

À tout **proverbe** on peut trouver sa chaussure.

La **prudence** est la mère de la sûreté.

Il n'y a pas de **quêteux** de riche.

Les **quêteux** montés à cheval oublient le balai.

C'est la Saint-Lambert, qui **quitte** sa place la perd.

Tout ce qui **reluit** n'est pas d'or.

Remets jamais à demain ce que tu dois faire aujourd'hui.

Deux montagnes ne se **rencontrent** pas
mais deux hommes se rencontrent.

Bonne **renommée** vaut mieux que ceinture dorée.

Une **réputation** perdue ne se retrouve plus.

La **responsabilité** monte et ne descend pas.

Vaut mieux arriver en **retard** qu'arriver en corbillard.

Soignez un **rhume**, il dure trente jours,
ne le soignez pas, il dure un mois.

Grand **ricaneux** grand brailleux.

Les Américains sont devenus **riches**
à se mêler de leurs affaires.

Rira bien qui rira le dernier.

Il faut **rire** avant de mourir
de peur de mourir sans avoir ri.

Il vaut mieux **rire** que pleurer.

Quand on ne vaut pas une **risée**, on ne vaut pas grand'
chose.

Qui **risque** rien n'a rien mais qui n'a rien ne risque rien.

Qui **risque** tout perd tout.

Qui **risque** un oeil les perd les deux.

Qui **rit** mardi pleure le vendredi.

Qui **rit** aujourd'hui pleurera demain.

Quand une **rivière** grossit, son eau se salit.

Robe de velours éteint le feu à la maison.

Les **roches** parlent.

Les **rois** avant les épais.

Il n'y a pas de **rose** sans épines.

Le **rossignol** ne fait pas le printemps.

Les **ruses** du diable sont coudues.

Qui ne **sait** rien de rien ne doute.

On ne **sait** pas ce qui se passe dans le ventre du bedeau.

Bon **sang** ne peut mentir.

Santé passe richesse.

Santé passe, richesse reste.

Vaut mieux être riche et en **santé** que pauvre et malade.

Quand les cochons sont **saouls**, ils fouillent dans l'auge.

Les cochons sont **saouls**, les truies s'en plaignent.

On ne juge pas un crapaud à le voir **sauter**.

Un **secret** partagé perd sa valeur.

Il faut **semer** pour récolter.

Il ne faut pas **semer** toute sa semence dans le même champ.

C'est trop tard pour **serrer** les fesses
quand on a fait au lit.

Puisque le vin est **servi**, il faut le boire.

Un **service** en attire un autre.

Si tu es propre, on le verra pas le seuil de ta porte.

Avec un **si** on va à Paris, avec un ça on reste là.

Siffler n'est pas jouer.

Le **silence** est d'or, la parole est d'argent.

**Plus un singe monte dans un arbre, plus il monte sur les
fesses.**

Les **singes** avant les princes.

Un bon **soldat** meurt debout dans ses bottes.

Pas de samedi sans **soleil**.

Le **soleil** reluit pour tout le monde.

Quand on parle du **soleil** on voit ses rayons.

Où le **soleil** entre le médecin n'entre pas.

Celui qui se laisse battre par le **soleil**
ne devient jamais riche.

À **sotte** question pas de réponse.

Vaut mieux **souffrir** que mourir.

Il faut souffrir pour être belle (ou beau).

Qui **souhaite** mal souvent vous arrive.

Coeur qui **soupire** n'a pas ce qu'il désire.

Il ne faut jamais dire:
«**Source**, je ne boirai pas de ton eau.»
Il n'y a pas de pire **sourd**
que celui qui ne veut pas entendre.
Avec les **sous** on fait les piastres.
La **table** tue plus de monde que l'épée.
Vaut mieux **tard** que jamais.
Il n'est jamais trop tard pour bien faire.
Une **tartine** de sirop chez nous
est parfois meilleure qu'un bouquet ailleurs.
Il n'y a pas rien qu'un boeuf qui s'appelle **taupin**.
Il ne faut jamais mettre la voile dans la **tempête**.
Il y a un **temps** pour tout.
Chaque chose en son **temps**.
Le **temps** c'est de l'argent.
Le **temps** ça ne fait pas des sages, que des vieillards.
Mieux vaut être **tête** de souris que queue de lion.
Il y a plus dans deux **têtes** que dans une.
Un **tiens** vaut mieux que deux tu l'auras,
un chien vaut mieux que deux angoras.
Bon chien de chasse **tient** de race.
L'arbre **tombe** toujours du côté où il penche.
Un **torchon** trouve toujours sa guenille.
Petit **train** va loin.
Tout ce qui **traîne** se salit.
Un vieux rosier ne se **transplante** pas.
Le **travail** ne fait pas mourir son homme.
Le **travail** c'est la santé.
Il y a cinq cents de différence
entre celui qui **travaille** pas et celui qui travaille,
c'est celui qui travaille pas qui l'a.
Rarement un, jamais deux, toujours **trois**.

Jamais deux sans **trois**.

Le **trois** fait le mois.

Vaut mieux se **tromper** que de s'étrangler.

L'**union** fait la force,
les coups font les bosses,
les bedeaux sonnent les cloches.

Une bonne **vache** laitière peut donner de chéti' veaux.

Quand on est **valet** on n'est pas roi.

La **valeur** n'attend pas le nombre des années.

Toutes marchandises **vantées** perdent leur prix.

Il ne faut pas **vendre** la peau de l'ours
avant de l'avoir tué.

Autant en emporte le **vent**.

Qui sème le **vent** récolte la tempête.

Pas de mauvais **vent**
qui n'apporte quelque chose de bon.

Ventre vide n'a pas d'oreilles.

On prend les hommes par le **ventre**.

La **vérité** sort de la bouche des enfants.

La **vérité** choque.

La **vérité** revient à son maître.

Mon **verre** n'est pas grand mais je bois dans mon verre.

Une personne **vertueuse** est une personne vicieuse.

Qui **veut** peut.

Qui en **veut** à son chien, on dit qu'il enrage.

La **vie** a de bons moments mais elle en a de sacrements.

C'est pas drôle la **vie d'artiste** surtout quand on n'est
pas acteur.

Qui **vient** de flots s'en va de marée.

Vieux garçon, vieux cochon.

Il ne faut pas aller plus **vite** que le violon.

Il ne faut pas aller trop **vite** en besogne.

Qui casse les **vitres** les paye.

Qui **vivra** verra.

Pour **vivre** longtemps
il faut donner jour à son cul-vent.

Le champ du **voisin** paraît toujours plus beau.

Ce qui mijote dans la marmite du **voisin**
paraît toujours meilleur.

Qui **vole** un oeuf vole un boeuf.

Un **voleur** qui en vole un autre, le diable en rit.

Le pouvoir est moins fort que le **vouloir**.

Les **voyages** forment la jeunesse
et déforment la vieillesse.

Voyages de maîtres, noces de valets.

Un **voyou** trouve toujours sa voyelle.

Mieux voient quatre **yeux** que deux.

Il ne faut pas avoir les **yeux** plus grands que la panse.

ANNEXE I

Le questionnaire dont je présente ici l'échantillon fut administré, en 1971, à trois informateurs résidant dans trois régions du Québec: Lac St-Jean, Cantons de l'Est, Gaspésie, dans le but de dégager le contexte d'utilisations des proverbes et maximes populaires.

Ce questionnaire est une adaptation de celui qu'a élaboré Mlle Eleonor-Anne Forster pour sa thèse de *Ph. D., The Proverb and the Superstition defined,* Université de Pennsylvanie, 1968. Il m'a permis de recueillir des renseignements utiles sur un grand nombre d'énoncés d'utilisation courante.

***

PROVERBES ET
MAXIMES DU QUÉBEC

QUESTIONNAIRE[1]

Ce questionnaire a été rédigé en vue de dégager le contexte entourant l'utilisation des proverbes et maximes au Québec. Ne citez que les proverbes ou les maximes que vous avez déjà utilisés ou que vous avez entendus dans votre entourage. Votre concours sera très utile. Merci.

Pierre DesRuisseaux.

Proverbe ou maxime: (no...........), ...
....
Qui peut l'utiliser (trait caractéristique)? ....
....

---

[1] Le questionnaire, en plusieurs copies, était accompagné de la liste des énoncés recueillis sur le terrain.

À qui est-il (elle) dit(e) généralement . . . .
. . . .

Quand l'utilise-t-on? En quelle occasion (par exemple à l'occasion d'une naissance, d'un mariage, d'un événement quotidien, etc.)? . . . .
. . . .

Y a-t-il des restrictions ou des règles à observer dans l'utilisation de ce proverbe ou de cette maxime par rapport au sujet qu'il traite (tel proverbe ou telle maxime ayant tel sujet pourra ou non être utilisé devant telle personne)? . . .
. . . .
. . . .

Exemple d'une situation dans laquelle ce proverbe ou cette maxime serait utilisé(e)? Situation où il (elle) ne le serait pas? . . . .
. . . .
. . . .

L'utilisez-vous? Pourquoi? . . . .
. . . .

Vos commentaires: . . . .
. . . .
. . . .

ANNEXE II

LE PARLER DES CANADIENS FRANÇAIS

par l'abbé Vincent-Pierre Jutras

Il s'agit d'un texte manuscrit rédigé par l'abbé Vincent-Pierre Jutras (décédé en 1920) entre juillet 1909 et novembre 1917. L'abbé Jutras était alors curé du petit village de Baie-du-Febvre (aujourd'hui Baieville) près de Trois-Rivières.

Le manuscrit fut dactylographié en 1953 aux Archives de Folklore à Québec et une copie déposée à la Société du Parler français au Canada. Le texte dactylographié comprend deux parties: 1) Proverbes (pp. 5-94), 2) Locutions proverbiales, comparaisons, particularités (pp. 95-268), et est suivi d'un index des proverbes ainsi que d'un index général à la toute fin.

Peu de renseignements nous sont fournis dans l'avertissement de l'auteur (pp. 1-5) sur la façon dont furent recueillis les énoncés et sur l'identité des informateurs:

«Il semble que le moyen sûr de tirer la chose au clair [concernant la qualité du français au Canada] serait d'écouter parler nos gens, de recueillir sur les lèvres les termes qu'ils emploient, leurs comparaisons, leurs expressions figurées, et confronter ces données avec celles des glossaires et des dictionnaires de la langue française! (...) je me suis mis en frais de faire ce relevé. J'ai pris en note les termes les plus typiques que j'ai pu saisir dans les conversations, principalement les locutions proverbiales qui sont du langage les manifestations les plus authentiques.»

On peut penser, néanmoins, que les énoncés furent recueillis dans l'entourage immédiat de l'auteur, soit directement à la Baie-du-Febvre, soit encore dans les environs.

J'ai relevé, dans les lignes qui suivent, les proverbes du texte de l'abbé Jutras qui n'apparaissent pas dans le corps du présent ouvrage, et les proverbes dont la signification diffère de celle que j'ai donné. J'ai laissé de côté, par ailleurs, les commentaires et les développements parfois assez longs de l'auteur, qui ne me semblaient rien ajouter à la compréhension des proverbes. Il m'a semblé utile, par la même occasion, de souligner des proverbes identiques à ceux que j'ai moi-même recueillis. Les commentaires qui sont de moi se trouvent identifiés comme tels par un court trait au début. Le chiffre qui précède l'énoncé renvoie à son ordre dans *Le Parler des Canadiens français* tandis que celui qui le suit correspond au numéro assigné à son équivalent, lorsqu'il y a lieu, dans le présent livre.

Un mot encore: j'ai voulu, en incluant en annexe certains des énoncés du *Parler des Canadiens français*, proverbes peu ou pas usités aujourd'hui ou en tout cas non re-

¹ Les dictionnaires utilisés par l'abbé Jutras sont notamment: Mgr Paul Guérin, *Nouveau dictionnaire universel illustré...* avec un supplément pour le Canada, Mame, Tours, s.d.; Louis-Nicolas Bescherelle aîné, *Nouveau dictionnaire classique de la langue française...*, Garnier, Paris, 1897; Arsène Darmesteter, *Dictionnaire général de la langue française,* du commencement du XVIIe siècle jusqu'à nos jours, précédé d'un traité de la formation de la langue..., P. Delagrave, s.d.

levés par d'autres que l'abbé Jutras, ou encore relevés avec une signification différente, fournir un extrait d'un texte qui n'a été, jusqu'à aujourd'hui, entre les mains que de quelques rares privilégiés.

Quelques chiffres s'imposent en ce qui concerne le corpus de l'abbé Jutras: sur les 245 énoncés proverbiaux colligés par l'auteur, j'en ai relevé, dans les pages qui suivent, 109 qui n'ont pas été entendus par d'autres auteurs, ou encore qui ont une forme ou une signification particulières. De ces 245, 17 paraissent d'origine biblique — sans compter les proverbes latins ou d'origine présumément religieuse — soit presque 7%, et 149 sont soi-disant d'origine ou en tout cas d'utilisation française, soit 59%.

Voici donc cet extrait du *Parler des Canadiens français*:

5. **Un averti en vaut deux.**
   Un homme averti en vaut deux. (fr.)[1]
   (no 279)

6. **Ce n'est pas un vice d'être pauvre.**
   Fr.: pauvreté n'est pas vice. (voir le no 311)

8. **Qui ne dit mot consent.** (no 349)[1]
   Forme latine: «Qui tacetur consentive vivetur.»

9. **Du choc des idées jaillit la lumière.** (fr.)
   C'est par la réflexion, la discussion surtout, que dans la pensée un point obscur s'élucide, qu'on modifie ses idées, qu'on abandonne de faux calculs et qu'on mène une entreprise à bonne fin.

[1] Indique un proverbe français.

10. **Il y a plus d'esprit dans deux têtes que dans une.** (no 153)

11. **Honni soit qui mal y pense.** (fr.)
Devise anglaise de l'ordre de la jarretière. La fin qu'on se propose (...) est si noble et si légitime que contempteurs et opposants devraient encourir le mépris public.

14. **Le ton fait la chanson.** (fr.)
La manière de dire les mots plus que les mots par eux-mêmes fait connaître l'intention de celui qui parle.

15. **Morte la bête, mort le venin.** (fr.).
Le danger disparaît avec sa cause.

16. **Tout ce qui brille n'est pas de l'or.** (fr.)
(variante: no 88)
Fr.: tout ce qui luit n'est pas or.

17. **Les meilleurs chemins sont toujours les plus courts.** (No 227)

20. **Avec les loups il faut hurler.** (fr.)
Faire comme ceux avec qui on vit; (...) aller jusqu'aux dernières limites d'une concession sage et prudente pour ne pas froisser inutilement.

24. **Le pire arrangement vaut mieux que le meilleur procès.**
(variante: no 269)

31. **Il faut prendre le temps comme il vient.** (fr.)
— Confirme finalement qu'«à chaque jour suffit sa peine.» (no 317) [1]

---

[1] Les commentaires précédés d'un tiret sont de l'auteur.

37. **On ne peut servir deux maîtres à la fois.** (fr.)
(St-Mathieu, 6, 24)
Il nous avise (...) de ne point cumuler les fonctions et les emplois car il arrivera souvent que l'on s'acquittera des uns aux dépens des autres.

39. **Que chacun se mêle de ses affaires.** (fr.)

40. **L'argent bon serviteur, mauvais maître.** (fr.)
L'argent seconde utilement l'homme de bien, mais il fait de l'avare un vil esclave.
— Connotation morale qui s'écarte de la valeur attribuée habituellement à l'argent dans nos énoncés. (voir l'article «ARGENT»)

46. **Dans sa peau mourra le crapaud.** (no 164)
Fr.: l'imbécile mourra dans sa peau.

49. **La nuit porte conseil.** (fr.)

53. **Entre l'arbre et l'écorce
il ne faut pas mettre le doigt.** (fr.) (variante: no 501)
Il ne faut pas intervenir dans des querelles entre personnes naturellement unies.

54. **En toute chose il faut considérer la fin.** (fr.)
— Ne signifie pas que «la fin justifie les moyens». Il signifie plutôt qu' «il faut songer au résultat final de toutes nos paroles et de toutes nos actions.» *(id.)*

55. **L'union fait la force.** (no 149)

56. **Tout royaume divisé contre lui-même périra.**
Il est (...) d'une application journalière et d'une vérité pratique des plus évidentes. Contrepartie de «l'union fait la force.» (no 149)

58. **On apprend toujours à ses dépens.**

59. **On ne va pas à la guerre sans qu'il en coûte.**
Une fois engagé dans une affaire épineuse on peut s'attendre à des ennuis.

62. **Les petits ruisseaux font les grandes rivières.** (fr.)

64. **Aux grands maux les grands remèdes.** (fr.)

65. **À l'oeuvre on connaît l'artisan.** (fr.)
Par la qualité de l'ouvrage, on peut juger de celle de l'ouvrier.

66. **On connaît l'arbre à ses fruits.**
(Tiré de l'Évangile, Luc, 6,44; Matt., 7, 16)
On juge les hommes d'après leurs oeuvres.

71. **On ne peut contenter tout le monde et son père.** (fr.)
(variante: no 66) (La Fontaine, III, I)

72. **Nul n'est prophète en son pays.** (fr.) (no 130)
(Matt., 13, 57)

75. **Médecin, guéris toi-même.** (fr.) (sic)
Cité par St-Luc (4, 33). Est contre ceux qui (...) donnent aux autres des leçons dont ils ont besoin pour eux-mêmes.
— Il s'agit sans doute ici d'une coquille. Le proverbe serait: Médecin, guéris-toi toi-même.

76. **Il faut se défier de tout le monde.** (no 499)
Fr.: la méfiance est la mère de la sûreté.

79. **À quelque chose malheur est bon.** (fr.) (no 199)
(La Fontaine, liv. VI, f. VII)

80. **Pas de mauvais vent
qui n'apporte quelque chose de bon.** (no 511)
(Proverbe anglais) souvent on tire d'une infortune
des avantages qu'on n'aurait pas eu sans elle.

82. **Nécessité n'a pas de loi.** (fr.)
Un prov. = Nécessité n'a loy, foy ni roy.
Un extrême besoin peut rendre excusable un acte
répréhensible en lui-même.

83. **Personne n'est plus mal chaussé
que la femme d'un cordonnier.** (fr.) (no 301)
Pour ne pas perdre sa clientèle, on se prive même du
nécessaire.
— La signification diffère quelque peu de celle que
j'ai relevée.

87. **De deux maux il faut choisir le moindre.** (fr.)

88. **Il vaut mieux laisser son enfant morveux
que de lui arracher le nez.** (fr.)
Il ne faut pas que le remède soit pire que le mal.

93. **Le devoir avant tout.**

94. **Fais ce que dois, advienne que pourra.** (fr.)
Il faut faire son devoir en dépit des qu'en dira-t-on,
et des inconvénients qui pourraient s'en suivre.

96. **Bon chien tient de race.** (fr.) (variante: no 71)

103. **Le temps perdu ne se répare pas.** (fr.)

105. **Les jours se suivent et ne se ressemblent pas.**
(variante: no 520)

108. **Qui terre a, guerre a.** (fr.)
Une propriété est une source de débats, de procès et
d'inquiétudes.

113. **La faim chasse les loups du bois.** (fr.)
(variante: no 196)

118. **On ne peut avoir trop de corde à son arc.** (fr.)
(variante: no 34)

On ne saurait trop s'entourer de précautions.

120. **Pour un point Martin perdit son âne.** (fr.)
(variante: no 41)

— Ici, *âne* au lieu d'*âme* comme chez Maloux.
Explication qui diffère de celle donnée par Maloux.

121. **Pot fêlé dure longtemps.** (fr.)
Une personne infirme peut vivre longtemps; c'est
que le pot fêlé et la personne sont l'objet de plus de
soins.

123. **Inutile de fermer l'écurie
quand les chevaux sont dehors.** (fr.)
À quoi sert de chercher à éteindre les flammes
quand la maison est en cendres?... — Il pourrait
s'agir ici d'un autre proverbe.

124. **Toute pierre qui roule n'amasse pas de mousse.**
(variante: no 116)
À changer souvent de métier on n'amasse pas de
fortune.

126. **Qui refuse muse.** (fr.)
Celui qui refuse ce qui lui est offert, perd une
occasion qui ne se retrouvera peut-être pas.

126. **Profiter de la manne quand elle passe.**
^{bis} (variante: no 343)

128. **Pas d'argent pas de Suisse.** (fr.)
On n'a rien pour rien.

130. **Il ne faut pas mesurer les autres à son aune.** (fr.)
(c.f. St Luc, 6, 37 et 38)
Il ne faut pas juger les autres d'après soi-même.

135. **Il ne faut pas aller trop vite en besogne.** (no 250)

138. **L'ami de tout le monde est l'ami de personne.** (fr.)

140. **Au pays des aveugles les borgnes sont rois.** (fr.)
Il est assez facile à un médiocre de prendre rang parmi ceux qui sont nuls.

141. **Quand les filles sont mariées,**
on trouve des marieux.
Var. = des gendres. (no 229)
Une entreprise difficile et délicate devient, une fois accomplie, aux yeux de certaines gens, tout à fait simple et facile.

143. **Chacun le sien.** (fr.)
Il faut rendre. [sic]

144. **À chacun son dû.** (fr.)

145. **Il faut que tout le monde vive.** (fr.)

146. **Petit aide fait souvent grand bien.**
(fr.) (variante: no 22)

152. **Un bienfait n'est jamais perdu.** (fr.)

153. **Les petits présents entretiennent l'amitié.** (fr.)

156. **Aime bien qui châtie bien.** (fr.)
(variante: no 62)

157. **La familiarité engendre le mépris.** (fr.)

158. **Qui casse les verres les paye.** (fr.)
(variante: no 213)

159. **Que celui qui a fait la faute, la boive.** (fr.)
Que celui qui a fait la mauvaise action, en subisse la peine.

160. **L'on est puni par où l'on a péché.** (fr.)

161. **À tout péché miséricorde.** (fr.)

162. **Péché avoué, péché à moitié pardonné.** (fr.)
(variante: no 214)

164. **Il n'y a pas de règle sans exception.** (fr.)

165. **Ce que nous faisons aux autres nous est rendu.**

166. **Bienheureux les pauvres d'esprit.**
(Matt., 5, 3)
– · Voir le no 230.

167. **Noblesse oblige.** (fr.)
On doit se conduire d'une manière digne de son rang.

169. **Tout est bien qui finit bien.** (fr.)
Une bonne fin fait oublier un mauvais commencement.

170. **On n'est jamais mieux servi que par soi-même.** (fr.)

173. **L'esprit qu'on veut avoir gâte celui qu'on a.** (fr.)
(Grasset)
À forcer son talent, on laisse voir ce qui nous manque.

174. **La caque sent toujours le hareng.** (fr.)
Il reste toujours trace de l'origine.

177. **Rien ne sèche plus vite qu'une larme.** (fr.)
(Cicéron)

182. **On n'est trahi que par les siens.** (fr.)

183. **Pas de pire eau que l'eau qui dort.** (fr.)
Les personnes d'apparence calme sont souvent fort à craindre.

184. **Quand on veut tuer son chien,**
on dit qu'il est enragé. (fr.) (variante: **no 148**)
Quand on en veut à une personne on trouve toujours une raison pour l'accuser, la perdre.

186. **La tricherie revient toujours à son maître.** (fr.)
(Psaumes, 26, 12)
— Voir le no 550.

188. **Quand on crache en l'air ça retombe sur le nez.**
(Variante: no 217)

192. **En forgeant on devient forgeron.**
(fr.) (variante: **no 209**)

193. **Paris ne s'est pas bâti en un jour.** (fr.)
Pour l'accomplissement d'une oeuvre importante, prenons le temps qu'il faut.

196. **Il faut prendre le temps comme il vient.** (fr.)

200. **La fin couronne l'oeuvre.** (fr.)
La fin complète l'oeuvre dignement.

201. **Il n'y a que le premier pas qui coûte.** (fr.)
Le commencement dans une affaire est ce qu'il y a de plus difficile.

202. **On pardonne à qui sait pardonner.** (no 495)
(Matt., 6, 12)

205. **Les gros poissons mangent les petits.** (fr.)
Les faibles sont à la merci des puissants.

206. **La force prime le droit.** (fr.)
(Bismark). 13e siècle: «Force n'est nie droit.»

13e siècle: «Force n'est pas droit.» 16e: «Force passe droit.»

207. **Qui veut prouver ne prouve rien.** (fr.)

214. **Arrive qui plante.** (fr.)
(Origine inconnue)
On se risque, advienne que pourra!

216. **Il n'est si bon cheval qui ne bronche pas.** (fr.)
La plus habile se trompe.
À quelqu'un que l'on sait capable d'exécuter un projet, mais qui n'ose l'entreprendre sous prétexte qu'il pourrait bien faire erreur et négliger des détails importants, on peut refuser d'accepter l'excuse en disant ce proverbe. Mais il siérait mal d'appliquer ce proverbe à soi-même ...

217. **Quand le vin est tiré il faut le boire.**
Quand on s'est trop engagé dans une affaire, pour que l'on puisse reculer il faut marcher en avant sans hésitation. Il faut subir les conséquences de ses actes. (Martel)

218. **Il n'y a pas de pire aveugle**
que celui qui ne veut pas voir. (fr.)

221. **Tant va la cruche à l'eau qu'à la fin elle se brise.** (fr.) (no 124)
Ceux qui s'exposent souvent à la tentation ou au péril finissent par succomber.

227. **Contentement passe richesse.** (fr.)
Il vaut mieux être satisfait de son sort que d'être riche.
— La version en usage chez nous aujourd'hui est quelque peu différente: «Santé passe richesse.» (no 467)

174

228. **On a toujours assez d'argent pour vivre,
et toujours trop pour mourir.** (fr.)

231. **Mon verre n'est pas grand
mais je bois dans mon verre.** (fr.)
(no 257)
(A. de Musset)
Mes richesses se réduisent à peu, mais ce que j'ai est
bien à moi, je le tiens sans remord et sans regret de
mon travail et de mon industrie.

232. **Il faut rendre le bien pour le mal.** (fr.)

233. **Ne faites pas aux autres
ce que vous ne voudriez pas qu'on vous fît.**
(c.f. Tobie, 4, 16; Luc, 6, 31)

234. **Ce n'est pas tous les jours fête.** (no 390)
Fr.: Il n'y a pas de bonne fête sans lendemain.

238. **Il ne faut pas chercher à p...
plus haut que le t...**
(*pedere longonis altius ore*) (variante: no 345)

239. **Il ne faut pas avoir les yeux
plus grands que la panse.** (no 36)
Fr.: Avoir plus grands yeux que grand ventre.

240. **Bon dîneur, mauvais dormeur.** (no 334)
Var. = Gros mangeur, mauvais dormeur.
Var. = Mauvais estomac, mauvaise tête.
L'excès dans le manger gâte le sommeil.

281. **Ça prend des vieux ciseaux pour tailler la soie.**
(variante: no 210)

ANNEXE III

1. GÉOGRAPHIE ET
   TOPONYMIE DES RÉGIONS.

2. SOURCES ORALES:
   INFORMATEURS ET RÉGIONS.

3. SOURCES ÉCRITES.

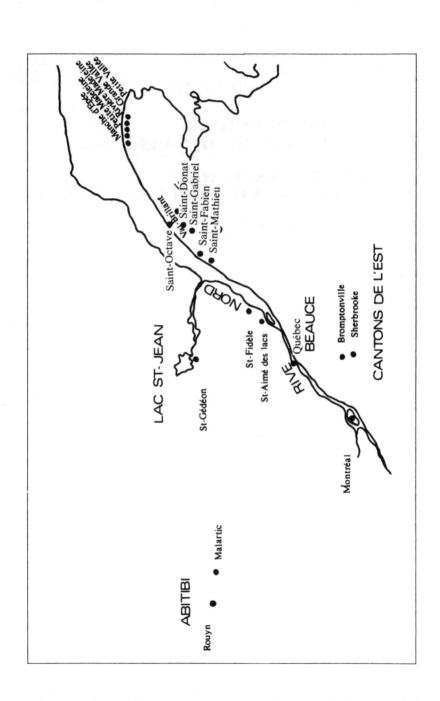

GÉOGRAPHIE ET
TOPONYMIE DES RÉGIONS

Si la tradition orale est indissociable de la culture ainsi que des facteurs socio-économiques qui la sous-tendent et la conditionnent, il va de soi qu'on ne peut espérer saisir le sens des proverbes et maximes populaires si on ne considère pas également le contexte géographique, social et culturel dans lequel ils s'insèrent.

Les réalités géographiques et économiques ne sont pas sans influer directement sur l'utilisation de certains proverbes (en excluant d'autres), proverbes qui traduiront sous forme verbale les attitudes, les pensées et les sentiments particuliers d'une population donnée.

D'autre part, l'histoire des proverbes est intimement liée à l'histoire des utilisateurs. C'est ainsi que le déplacement des proverbes dans l'espace aura un lien direct avec le peuplement des régions. Or, on peut, au point de vue géographique, distinguer entre des *régions de peuplement primaires* et des *régions de peuplement secondaire*. Les premières sont situées près des grandes voies navigables qui constituaient autrefois, et qui constituent encore, les premiers chemins de pénétration du continent, tandis que les secondes — par exemple: lac St-Jean, Abitibi, sud de la Gaspésie, Cantons de l'Est — sont situées plus à l'intérieur des terres, donc éloignées des grands centres et plus difficilement accessibles, ce qui s'est traduit en fait par un peuplement plus tardif. Suivant cette constatation, on pourra peut-être faire un parallèle entre le déplacement des proverbes — et les autres faits oraux, au demeurant — d'une région de peuplement primaire vers une région de peuplement secondaire et les mouvements de population qui lui correspondent. C'est ainsi que l'on s'attendra, par exemple, à retrouver en Abitibi plus de proverbes de régions riveraines du Saint-Laurent (région de peuplement primaire) que de proverbes originaires de la vallée de la Matapédia (région de peuplement secondaire). Voici à la suite, quelques notes sur la toponymie et la géographie des régions et des villages visités, notes qui aideront sans doute à mieux situer le cadre dans lequel les proverbes sont utilisés.

LA GASPÉSIE

Le Bas Saint-Laurent et la Gaspésie comprennent les territoires situés au nord-est de la ville de Québec et qui s'étendent sur une distance de plus de 500 milles jusqu'à l'Atlantique. Personne ne s'entend exactement pour dire où commence la Gaspésie mais les habitants de la région vous diront que Cap-Chat en est la limite ouest.

Les principales industries de la région sont les forêts, la pêche et le tourisme. Depuis quelques années, le gouvernement, avec le B.A.E.Q. (Bureau d'aménagement de l'Est du Québec), a tenté de regrouper les pêcheurs et rationaliser la pêche commerciale, avec un succès relatif.

Éloignés des grands centres urbains, les habitants de Gaspésie ne jouissent pas des mêmes avantages que leurs homologues des régions plus industrialisées. Le taux de chômage assez élevé et l'abandon ou la fermeture par l'État de plusieurs villages de cette région fait suite à un certain malaise économique.

Saint-Octave. De son vrai nom Saint-Octave-de-Métis, fut fondé en 1860 et détaché à l'origine de la paroisse de Sainte-Flavie.

Saint-Gabriel. Fondée en 1873, la municipalité de Saint-Gabriel reçut son nom en l'honneur d'un ancien curé de Sainte-Luce, Gabriel Nadeau, qui desservit les premiers colons.

Saint-Donat. Érigé en 1869, ce village, situé près de Rimouski fut à son origine détaché de la municipalité de Sainte-Luce.

Saint-Fabien. Ce village est situé près d'une magnifique baie. Son église renferme des sculptures de Leprohon (1846).

Saint-Mathieu. Autrefois Saint-Mathieu-de-Rioux, fut fondé en 1858. Ce village a été détaché de celui de Saint-Simon, maintenant éloigné de 4 milles.

Manche-d'Épée. Ce village doit son nom à la découverte d'un très vieux pommeau de rapière française par les colons. D'après Roy (*Litt. orale*), ce serait M. Irénée Pelchat, un pionnier, qui en aurait fait la découverte.

Rivière-Madeleine (Madeleine-Centre ou Madeleine). Remonte à 1689. Le port de pêche de Rivière-Madeleine faisait partie d'une seigneurie acquise en 1723 par le célèbre botaniste Michel Sarrazin.[1]

---

[1] C. Roy, *Litt, orale,* p. 36: «Madeleine-sur-Mer: Autrefois appelé *Grande-Madeleine,* ce village garderait, d'après Carrell, le souvenir du sieur Denis Riverin, du Cap-de-la-Madeleine à qui fut décernée cette seigneurie, en 1689. D'après White (*Place-Names in Quebec,* cité par Roy), le nom rappellerait la mémoire de l'abbé de la Magdeleine, premier missionnaire de l'endroit.»

Grande-Vallée. Port de pêche. Il a fait partie d'une seigneurie du même nom. L'église s'élève sur un cap.

Petite-Vallée. Possède un grand quai.

Val-Brillant.[2] Ce village, déjà habité au milieu du XIXe siècle, porta plusieurs noms avant que le curé l'endroit, Jos.-D. Michaud, en 1912, ne lui donne son nom définitif de Val-Brillant, en honneur du Curé fondateur, Pierre Brillant.[3] Val-Brillant est situé dans la vallée de la Matapédia, relativement éloigné à l'intérieur des terres. Le village possédait autrefois sa scierie, disparue depuis. Son économie est principalement basée sur la forêt.

LES CANTONS DE L'EST

Région minière (Asbestos, Black Lake, Thetford Mines), agricole et industrielle (filatures et usine de pâte à papier), les Cantons de l'Est étaient peuplés au début d'une population à prédominance anglaise, Les Cantons de l'Est reçurent leurs premiers contingents de colons, les «loyalistes», à la fin du XVIIIe et au début du XIXe siècle, puis, une génération plus tard, de soldats démobilisés et d'immigrants britanniques.

Sherbrooke. Reine des Cantons de l'Est, cette ville constitue le centre stratégique, industriel et commercial de

---

[2] Les renseignements d'ordre historique et géographique sur la Gaspésie et les autres régions du Québec sont tirés en grande partie de feuillets et de brochures touristiques publiées par la Direction générale du Tourisme de la province de Québec. D'autres renseignements proviennent de publications plus spécialisées (en particulier les ouvrages de Raoul Blanchard) et de mes propres enquêtes.

[3] D'autres notes historiques dans *Litt. orale,* p. 54.

la région. Elle est située au confluent des rivières Saint-François et Magog, dans une importante région agricole.

Bromptonville. Autrefois Brompton-Falls puis Sainte-Praxède de Brompton, doit sa fondation à la scierie qu'y érigea M.C.S. Clarke en 1854. L'industrie principale est la *Brompton Pulp* qui fait vivre une bonne partie de la population.

LE LAC ST-JEAN
ET CHARLEVOIX

La géographie de la région du lac St-Jean possède plusieurs similitudes avec celle de Charlevoix, notamment en ce qui concerne la forêt et les caractéristiques géologiques du sol. Voici ce qu'en dit une brochure touristique: «Cette région (le lac St-Jean), que l'on a appelée le *Grenier du Québec*, est un plateau formé par une large ceinture de terrasses qui entourent le lac. Une cinquantaine de paroisses s'y côtoient, dont l'ensemble comprend plus de trois cinquièmes des terres cultivées de tout le *Royaume du Saguenay*. On y récolte 65% des bleuets de la Province, soit environ huit millions de livres annuellement représentant une valeur de plus d'un million de dollars.»

Quant au comté de Charlevoix, il est plutôt montagneux et on y pratique la coupe du bois.

St-Gédéon (lac St-Jean). Chef-lieu de paroisse, St-Gédéon reçut les premiers défrichements en 1865 et fut fondé en 1882 par les hommes des curés Hébert et Boucher, deux chevilles ouvrières de la colonisation au lac St-Jean. Son économie se partage entre la coupe du bois et l'agriculture.

St-Fidèle (Charlevoix). Petit village paisible, St-Fidèle vit de la coupe du bois, d'agriculture et de sa petite fromagerie qui dessert la région.

L'ABITIBI

L'Abitibi doit son nom à un terme algonquin qui veut dire «eau mitoyenne», à cause de sa situation sur la hauteur des terres. Annexé au reste du Québec par une loi datant de 1898, l'Abitibi doit son essor à trois facteurs déterminants : la découverte par Edmund Horne d'un gisement de cuivre et d'or dans la région, la construction du Transcontinental et la crise des années trente. Les industries principales sont les mines et la forêt. L'agriculture et l'élevage y sont peu pratiqués à cause du climat rigoureux et de la courte saison estivale. La région abitibienne se présente comme une plaine étendue recouverte d'une forêt de conifères, au relief aplani par les glaciers du quaternaire et qui est traversée d'une chaîne de collines rattachée au *bouclier canadien*. Les nombreuses fermetures de mines, ces dernières années, ont déclenché un mouvement d'émigration vers d'autres régions, qui risque de s'accentuer si des alternatives économiques ne sont pas trouvées à court terme.

Rouyn. Avec Noranda à laquelle elle est reliée, cette agglomération forme la capitale régionale du Nord-Ouest québécois. Ville commerciale, Rouyn doit sa prospérité à l'industrie minière, encore florissante aujourd'hui.

Malartic. Cette municipalité, fondée en 1937, était autrefois un centre important d'extraction de l'or. Son importance a diminué depuis et on assiste depuis quelques années à l'émigration de ses habitants.

MONTRÉAL/QUÉBEC ET LA BEAUCE

Montréal. Nommée *mont réal* par Jacques Cartier, son fondateur, en 1535 lorsqu'il visita une bourgade indienne appelée Hochelaga (*chaussée de castors*). Centre des plus importants au point de vue stratégique, commercial et industriel, Montréal est aujourd'hui classée parmi les grandes villes du monde.

Québec. Capitale provinciale, fondée en 1608 par Champlain, Québec est un centre gouvernemental, culturel et commercial important. Ayant gardé un cachet typiquement français, Québec constitue un centre touristique prisé entre tous.

La Beauce. La région de Beauce, qui s'étend à l'est de la ville de Québec, est surtout agraire, quoiqu'on y pratique aussi l'élevage. Quelques petites industries y prospèrent. Une caractéristique culturelle est à souligner: le sentiment d'isolement et celui d'appartenance régionale marquée, qui se retrouve également dans les régions d'Abitibi et de Gaspésie.

2

SOURCES ORALES:
INFORMATEURS.

GASPÉSIE
Val-Brillant

Jean-Denis Auclair, 15 ans[1], étudiant.

Gisèle Côté (née D'amours), 41 ans, ménagère, native de Les Boules (Comté de Matane), se marie à 18 ans et habite depuis lors à Val-Brillant.

John Côté, 73 ans, retraité, a travaillé dans les chantiers, natif de Amqui, demeure depuis 33 ans à Val-Brillant.

Marie-Louise Côté, (née Smith), 70 ans, ménagère, native de Sayabec.

Paul-Émile Couture, 58 ans, cultivateur, postillon, natif de Coutureval (récemment annexé à Amqui), habite Val-Brillant depuis 13 ans.

Bernard D'amours, 17 ans, étudiant.

Danielle D'amours, 14 ans, étudiante.

Loréa D'amours, 43 ans, cheminot, natif de Val-Brillant.

Albert Desrosiers, 59 ans, sacristain, a toujours habité à Val-Brillant.

[1] L'âge des informateurs, à défaut d'indication contraire, est pour l'année 1970.

Anne-Marie Desrosiers (née Dubé), 58 ans, native de Sayabec, demeure à Val-Brillant depuis l'âge de 22 ans.

Charles Desrosiers, 25 ans, manoeuvre.

Gabrielle Gasse (née Côté), 47 ans, native de Amqui.

Marguerite Lavoie, 44 ans, employée des Postes, vit depuis toujours à Val-Brillant.

Marcel Mc Intyre, 30 ans, natif de Sullivan (Abitibi), opérateur.

Yvette Mc Intyre (née Morin), 30 ans, ménagère, native de Val-Brillant.

Francine Morin, 19 ans, ménagère, native de Val-Brillant.

Marie-Anne Morin (née Pelletier), 50 ans, ménagère, habite Val-Brillant depuis l'âge de cinq ans.

André Saintonge, 53 ans, employé des Postes, natif de Val-Brillant.

Mme André Saintonge, 49 ans, ménagère, native de Val-Brillant.

Marie-Louise Smith, 84 ans, rentière, native de Val-Brillant.

Manche-d'Épée, Rivière-Madeleine, Grande-Vallée, Petite-Vallée

Alain Beaulieu, 24 ans, commis et enseignant, natif de Rivière-Madeleine, (R.-M.)

Jeanne-Pauline Beaulieu (née Coulombe), 53 ans, institutrice, native de Mont St-Pierre. (R.-M).

Mme **Normand Béland**, 43 ans, ménagère. (G.-V.)

Eudore Boucher, 64 ans, journalier et restaurateur, natif de Manche-d'Épée. (M.-d'E.)

Hector Boucher, 54 ans, cultivateur. (R.-M.)

Omer Boucher, 55 ans, restaurateur et maire. (R.-M.)

Lina Brousseau, ménagère, native de St-Maurice. (P.-V.)

Médor Brousseau, 33 ans, camionneur, est demeuré cinq ans à Montréal. (P.-V.)

Prudent Brousseau, 65 ans, bûcheron et cultivateur, (P.-V.)

Carl Chicoine, 14 ans, étudiant. (R.-M.)

Pierre Côté, 82 ans, menuisier et cultivateur, a beaucoup voyagé. (R.-M.)

Richard Côté, (aujourd'hui décédé), pêcheur. (R.-M.)

Émilio Coulombe, 63 ans, natif de Cloridorme, pêcheur et bûcheron, habite Rivière-Madeleine depuis 40 ans.

Alice Jacques (née Fournier), 56 ans, ménagère, native de Manche-d'Épée. (R.-M.)

Marie-Paule Lachance, 43 ans, ménagère. (P.-V.)

Gabriel Minville, 37 ans. (G.-V.)

Thérèse Minville, 43 ans, institutrice. (G.-V.)

(Soeur) **Solange Roussel**, 48 ans, directrice d'école, native de Beauséjour. (G.-V.)

Joseph Sennette, 77 ans, retraité, a déjà été marin, bûcheron, guide et cultivateur. Natif de Rivière-Madeleine. (R.-M.)

(Abbé) **René Tremblay**, 51 ans, curé, natif de Rivière-au-Renard.

Saint-Mathieu, Saint-Fabien, Saint-Donat, Saint-Gabriel, Saint-Octave

Lucette Poirier, 33 ans enseignante et étudiante, Saint-Fabien. Cette informatrice m'a aimablement rapporté quantité d'énoncés recueillis dans les villages avoisinants Saint-Fabien. Les lieux de la cueillette sont respectivement: Saint-Octave (V.D.), Saint-Gabriel et Saint-Donat (E.L.), Saint-Damase (A.T.), Saint-Fabien et

Saint-Mathieu (E.P.). Les initiales sont celles des informatrices interviewées.

CANTONS DE L'EST

Ernest Chatel, 80 ans, retraité, natif de Marieville, s'établit à l'âge de 20 ans comme cultivateur à Bromptonville. (Sherbrooke)

Emery Joncas, 55 ans, électricien. (Sherbrooke)

Yolande Joncas, 54 ans, coiffeuse. (Sherbrooke)

Claire Lamontagne (née Chabot), 68 ans, ménagère, native de Sainte-Claire de Dorchester. (Bromptonville)

Henri Lapierre, 69 ans, retraité, ancien journalier, a travaillé 12 ans aux États-Unis et s'est établi successivement 9 ans à St-Samuel et 9 ans à St-Ludger comme cultivateur. (Sherbrooke)

LAC ST-JEAN ET CHARLEVOIX

St-Gédéon

Norma Claveau (née Paradis), 30 ans, ménagère, a toujours vécu à St-Gédéon.

Alphonse Couture, 72 ans, a toujours vécu à St-Gédéon.

Rosalba Couture (née Tremblay), 70 ans, ménagère, native de St-Gédéon.

Madeleine Desgagné, 49 ans, ménagère, a toujours habité St-Gédéon.

Marie-Ange Desgagné, 52 ans, commis, a toujours habité St-Gédéon.

Marie-Claire Desgagné, 52 ans, ménagère, a toujours habité St-Gédéon.

Marie-Émilie Desgagné, 58 ans, ménagère, ex-institutrice, native de St-Gédéon.

Berthe Lévesque, 63 ans, ménagère, à part un séjour de 13 ans à Montréal, a toujours habité St-Gédéon.

Annette Potvin (née Lévesque), native de St-Gédéon, a longtemps habité Sherbrooke.

St-Aimé des Lacs

René Angers, 23 ans, professeur, a habité Montréal 20 ans.

St-Fidèle

Françoise Bergeron, 34 ans, institutrice.

Joseph Bergeron, 72 ans, cultivateur, natif de St-Fidèle.

Marie-Louise Bergeron (née Lapointe), 64 ans, ménagère, a toujours vécu à St-Fidèle.

Gabrielle Harvey (née Bouliane), 73 ans, ménagère, native de Tadoussac.

Kelley Harvey, 78 ans, retraité, ancien restaurateur, a toujours habité son village natal.

Marie-Anne Laprise (née Saber), 72 ans, ménagère, native de Val-Brillant.

Kelley Savard, 70 ans, retraité, ex-manoeuvre et restaurateur, natif de Val-Brillant.

Alcide Tremblay, 77 ans, retraité, a été commis de banque et maire.

Bertrand Tremblay, 27 ans, étudiant.

Rémy Tremblay, 45 ans, économiste.

ABITIBI

Agathe Gagné, 47 ans (en 1971), ménagère. (Rouyn)

Daniel Gagné, 20 ans, étudiant. (Rouyn)

Amanda Michaud (née Gagné), 79 ans (en 1971), ménagère. (Rouyn)

Gisèle Russelle, 22 ans (1973), ménagère, native de Malartic. (Malartic)

Danièle Tessier, 17 ans (en 1971), étudiante. (Rouyn)

Jasmin Tessier, 14 ans (en 1971), étudiant, (Rouyn)

Jean Tessier, 22 ans, (en 1971), étudiant. (Rouyn)

Marcel Tessier, 46 ans (en 1971), foreur. (Rouyn)

MONTRÉAL/QUÉBEC ET LA BEAUCE

Paul Baillargeon, 29 ans, dessinateur, natif de la région de Beauce. (Mtl)

André Beaudry, 10 ans, (1973) étudiant, (Mtl)

Georgina Beauregard (née Garand), 73 ans (1974), ménagère, Louiseville.

Yvon Beauregard, 35 ans, travailleur, natif de Louiseville. (Mtl)

Victor-Lévy Beaulieu, écrivain, natif de la Gaspésie, Mtl.

Maurice Bellemare, politicien (énoncé tiré d'un reportage télévisé), Québec.

Laurent Bélanger, 20 ans, étudiant. (Mtl)

Clara Bergeron (née Provencher), 61 ans, ménagère, native de Nicolet. (Mtl)

Michelle Bergeron, 31 ans, institutrice. (Mtl)

Réjeanne Bergeron, 32 ans, réceptionniste, (Terrebonne-en-haut)

Gilles Boucher, 11 ans, étudiant. (Mtl)

Michelle Bourdon, fonctionnaire, Mtl.

Michel Brochu, professeur, natif de Québec. (Mtl)

Michel Décarie, 10 ans, étudiant. (Mtl)

France Desgroseillers, 19 ans, étudiante, (St-Isidore)

Gaby DesRuisseaux (née Jacques), 29 ans, native de Sherbrooke. (Laval)

Pierre DesRuisseaux, écrivain, 30 ans (1975) (énoncés tirés de souvenirs personnels), Mtl.

Mance Duclos, 27 ans, modiste. (Mtl)

Jules Hamelin, 45 ans (1975), travailleur, Laval.

Léo Gilbert, 28 ans (1974) fonctionnaire, natif de Québec, Mtl.

Mariette Hébert, 31 ans (1974), opératrice, Mtl.

Michel Goulet, 24 ans (1974), fonctionnaire, natif du Témiscamingue, Mtl.

Gilles Lamontagne, chargé de production, Mtl.

Frédéric Pélage, 10 ans, étudiant. (Mtl)

Louis Rousseau, professeur. (Mtl)

Yves St-Germain, 25 ans (en 1973), vendeur. (Mtl)

Lucienne Théberge (née Bornais), 50 ans (1975), ménagère, née à Shawinigan, habite Montréal depuis 25 ans.

Serge Thivierge, 10 ans, étudiant. (Mtl)

André Vidricaire, professeur. (Mtl)

Alain Viens, 10 ans, étudiant. (Mtl)

Guy Whitton, 36 ans (en 1973), technicien, natif de St-Jean-Port-Joli. (Mtl)

RÉGIONS

On trouvera ci-dessous les numéros des énoncés que j'ai recueillis, classés selon les régions de provenance. Pour les besoins de la cause, j'ai dû délimiter cinq grandes régions qui me semblent correspondre à cinq aires culturelles distinctes. Cette division paraît traduire assez bien la division naturelle opérée par la population. Certaines zones géographiques, délaissées dans le cadre de cet ouvrage, gagneraient, certes, à être explorées systématiquement par les ethnologues et les folkloristes.[1] Ces cinq régions visitées sont donc: Gaspésie, Cantons de l'Est, lac St-Jean et Charlevoix, Abitibi, Montréal/Québec et la Beauce.[2]

GASPÉSIE

1 variante, 2, 4, 6, 8, 11, 24, 27, 31, 34, 42, 44, 45, 46, 47 variante, 48, 51, 52, 53, 57, 58, 60, 61, 63 va-

riante, 64, 64 variante, 65, 66, 68, 68 variante, 69, 69 variante, 70, 70 variante, 71, 72, 77, 80, 80 variante, 82, 84, 85, 86, 88, 96, 97, 99, 100, 100 variante, 105, 105 variante, 107, 108 variante, 113, 115, 121, 122, 123, 126, 130 variante, 132, 137, 137 variante, 138, 139, 141, 141 variante, 142, 143 variante, 144, 145, 146, 148, 151, 152, 153 variante, 154 variante, 155, 157, 158, 161, 167, 182, 182 variante, 186, 187, 187 variante, 190, 191, 191 variante, 194, 195, 196, 197, 197 variante, 202, 208, 210, 212, 212 variante, 214, 214 variante, 215, 218, 218 variante, 226, 229, 233, 234, 236, 238, 239, 240, 241, 244, 244 variante, 248, 250, 255, 258, 260, 260 variante, 270, 276, 279, 279 variante, 282, 283, 285, 287, 292, 295, 296, 302, 304, 307, 308, 310, 311, 312 bis, 314 variante, 316 variante, 318 variante, 319, 326, 328, 333 bis, 334, 336, 339 variante, 346 bis, 350 variante, 351, 354, 356, 357, 358, 363, 365, 368, 369, 369 variante, 370, 371, 372, 373, 374, 379, 380, 381, 384, 387, 388, 389, 390, 393, 396, 396 variante, 398 bis, 401, 402, 409 410, 411, 412, 421, 427, 442, 445, 446, 447, 449, 454, 457, 462, 468, 469, 470, 470 variante, 476, 478, 479, 480, 481, 482 variante, 483, 484, 488, 489, 491, 492, 549 variante, 561 variante, 568.

---

[1] Plusieurs auteurs au Québec, ont mis de l'avant l'idée de recherches ethnographiques à entreprendre sur une base régionale, en se servant notamment des notions d'aires culturelles et d'aires géographiques. On pourra lire à ce sujet un livre intitulé *Communauté et Culture* de Marc-Adélard Tremblay et Gérald Gold (HRW, Montréal et Toronto, 1973), qui développe abondamment sur ces notions.

[2] Afin d'éviter les répétitions, je n'ai indiqué que par une seule insertion un énoncé recueilli plus d'une fois dans une même région.

CANTONS DE L'EST

23, 90 bis, 103, 137, 157, 272, 272 variante, 314, 339, 362, 435.

LAC ST-JEAN ET CHARLEVOIX

Lac St-Jean

4 variante, 7, 10, 15, 17, 30 bis, 41 bis, 43, 50, 54, 55, 56, 59, 61, 65, 67, 261, 261 variante, 262, 266, 272, 276, 283, 290, 294, 299, 301, 304, 305 variante, 310 variante, 313, 314 variante, 321, 332, 334, 335, 337, 338, 344 variante, 346, 346 variante, 347, 351 bis, 366, 367, 367 variante, 371, 378, 391, 394, 261, 261 variante, 262, 272, 276, 283, 290, 294, 299, 301, 304, 305 variante, 310 variante, 313, 314 variante, 321, 332, 334, 335, 337, 338, 344 variante, 346, 346 variante, 347, 351 bis, 366, 367, 367 variante, 371, 378, 391, 394, 395 variante, 400, 403, 405, 418, 419, 428, 429, 432, 442, 454, 469 variante, 471, 474, 475, 486 variante, 490.

Charlevoix

18, 19, 31, 48, 63, 80 bis, 93, 137, 179, 187, 191 variante, 231, 233 variante, 235, 275, 277, 297, 307, 314 variante, 353, 390, 424.

ABITIBI

61, 109, 128, 159, 173, 195 bis, 204, 260 variante, 281, 328 variante, 346 variante, 385, 387 variante.

MONTRÉAL/QUÉBEC ET LA BEAUCE

1, 5 bis, 12, 14, 26, 26 variante, 30, 33, 43 bis, 46, 50 bis, 53 bis, 209, 80 variante, 276 variante, 81 bis, 102, 107, 120, 132 variante, 133, 138, 140, 149 variante, 150, 151, 160, 163, 168, 195, 206, 209, 223, 224, 230, 237, 241 variante, 246 variante, 249, 249 variante, 256, 259, 261, 268, 273, 276 variante, 209, 309, 315, 349, 351, 352, 264 variante, 372, 372 variante, 377, 377 bis, 388 variante, 391, 399, 406 bis, 407, 414 bis, 415, 416, 417 variante, 424, 425, 434, 443, 450 variante, 451, 455, 463, 468, 473, 487, 491, 494, 508, 508 variante, 517, 517 variante, 527, 573.

-3-

SOURCES ÉCRITES

Notule: Le numéro précédant la citation renvoie à son ordre dans le présent ouvrage. La citation correspond à la source écrite d'où est tiré l'énoncé. La citation d'un nom propre seul (par exemple: Marc-Régis) renvoie au titre de la collection du Centre canadien d'études sur la culture traditionnelle (Musée National, Ottawa), ou des Archives de Folklore (Université Laval, Québec). Le fonds Massicotte (Bibliothèque Nationale du Québec, Montréal) est cité comme tel. On n'aura qu'à consulter la bibliographie pour avoir le détail des titres d'ouvrages ci-dessous.

4: À bâtons rompus
5: *Bulletin des recherches historiques*, XXIX;
21: *Fleurs champêtres*, p. 159;
22: *Litt. orale*, p. 184;
34: fonds Massicotte;
41: *Litt. orale*, p. 181;
44: Marc-Régis;
52: Laforte, Schmidt, Hamelin;
62: Hamelin Schmidt;
70: fonds Massicotte;
97: *Quand le peuple fait la loi;*

104: *Le Monde fantastique;*
106: Hamelin;
107: *Le Monde fantastique;*
111: S.S. Hélène de la Foi (C.N.D.);
114: *Bulletin des recherches historiques*, XXIX;
123: Hamelin;
128: *Civ. trad.*, p. 159;
129: *Litt. orale*, p. 183;
131: *Fleurs champêtres*, p. 161;
142: Hamelin, Schmidt;
147: *Litt. orale*, p. 183;
152: S.S. Hélène de la Foi (C.N.D.);
176: *Jos Violon*, p. 87;
191: *Litt. orale*, p. 184;
192: *Civ. trad.*, p. 159;
198: fonds Massicotte;
206: bis: *Almanach des cercles agricoles*, 1894, p. 40;
213: Boily;
219: *Bulletin des recherches historiques*, XXIX;
245: *Civ. trad.*, p. 159;
247: Dupont, *Le forgeron...*, p. 200;
252: *Litt. orale*, p. 183;
256: Boily;
268: Hamelin, Schmidt;

278: Hamelin;
288: *Quand le peuple fait la loi;*
290: *Quand le peuple fait la loi;*
291: fonds Massicotte;
292: fonds Massicotte;
297: Hamelin;
303: *Croyances et dictons,* p. 171;
305: *Bulletin des recherches historiques,* XXIX;
307: *Civ. trad.,* p. 159;
310: *Litt. orale,* p. 184;
313: *Croyances et dictons,* p. 171;
315: Fournier;
327: *Litt. orale,* p. 185;
329: Schmidt;
331: *Litt. orale,* p. 183;
353: *Litt. orale,* p. 185;
362: *Litt. orale,* p. 184;
363: *Litt. orale,* p. 184;
364: *Litt. orale,* p. 184;
369: Lavergne;
375: Marc-Régis;
388: *Bulletin des recherches historiques,* XXIX;
389: *Bulletin des recherches historiques,* XXIX;
392: Schmidt;
394: Lavergne;
410: fonds Massicotte;
433: Dupont, *Le forgeron...,* p. 201;
438: bis: *Almanach des cercles agricoles,* 1894, p. 14;

439: *Civ. trad.,* p. 159;
444: *Litt. orale,* p. 183;
460: Marc-Régis;
461: *Litt. orale,* p. 184;
469: Dupont, *Le forgeron...,* p. 215;
479: *Formulettes, rimettes et devinettes*
482: fonds Massicotte;
483: *Formulettes, rimettes et devinettes*
485: *Almanach des Trois-Rivières,* 1913, p. 117;
487: *Litt. orale,* p. 184;
496: Fournier;
502: Laforte;
506: S.S. Hélène de la Foi (C.N.D.);
515: *Croyances et dictons,* p. 170;
516: Hamelin, Schmidt, Laforte;
518: Hamelin;
519: *Civ. trad.,* p. 159;
523: Marc-Régis;
526: *Litt. orale,* p. 184;
528: *Civ. trad.,* p. 159;
532: fonds Massicotte;
536: *Litt. orale,* p. 183;
540: fonds Massicotte;
541: Dulong;
559: Lavergne;
562: *Litt. orale,* p. 184;
571: fonds Massicotte.

BIBLIOGRAPHIE

SOURCES ÉCRITES

Anonyme

Almanach Rolland agricole, commercial et des familles, Montréal, 1887, p. 24.

Almanach des cercles agricoles de la Province de Québec, J.B. Rolland et fils, Montréal, 1894, pp. 14, 40.

Almanach des Trois-Rivières, J.-A. Charbonneau, Trois-Rivières, 1913, p. 117.

«Proverbes à propos de noces», *Bulletin des recherches historiques,* XXIX, Lévis, octobre 1923, p. 310.

La Tombola, journal officiel de la cassette des pauvres, Saint-Jean, 30 septembre 1890, exergue de la page frontispice.

Archives de folklore
Fichier, Université Laval, Québec.

Centre canadien d'études sur la culture traditionnelle
Fichier, Musée National, Bell's Corner, Ontario.

De Celles, A. D.
«Le passé et le présent», *Almanach Rolland agricole, commercial et des familles,* Montréal, 1924, p. 196.

Dupont, Jean-Claude
Le forgeron et ses traditions, thèse, diplôme d'études supérieures, ethnographie, école des gradués de l'Université Laval, 1966.

Dupont, Jean-Claude
Le Monde fantastique de la Beauce québécoise, collection Mercure, dossier no 2, Centre canadien d'études sur la culture traditionnelle, Musée national de l'Homme, Musées nationaux du Canada, Ottawa, 1972.

Ferron, Madeleine et Cliche, Robert
Quand le peuple fait la loi, la loi populaire à Saint-Joseph de Beauce, Hurtubise/HMH Montréal, 1972.

Françoise (pseudonyme de Robertine Barry)

Fleurs champêtres, Cie d'imprimerie Desaulniers, Montréal, 1895.

Fréchette, Louis
Contes de Jos Violon, Éditions de l'Aurore, Montréal, 1974.

Gagnon, Ernest
« À bâtons rompus », La Revue canadienne, no 34, Compagnie de publication de la Revue canadienne, 1898, pp. 253-8.

Girard, Rodolphe
Marie-Calumet, Éditions Serge Brousseau, Montréal, 1946.

Hogue, Marthe
Un trésor dans la montagne, Caritas, Québec, 1954.

Jutras, Vincent-Pierre
Le Parler des Canadiens français, manuscrit, La Baie-du-Febvre, 1917. Texte dactylographié déposé à la Société du Parler français au Canada. (Il existe une copie sur microfilm à la médiathèque de l'Université de Montréal)

Marie-Ursule, Soeur (c.s.j.)
Civilisation traditionnelle des Lavalois. Archives de folklore, 5-6, Presses Universitaires Laval, 1951, pp. 158-9.

Massicotte, Edouard-Zotique
« Croyances et dictons des environs de Trois-Rivières », tiré-à-part de *The Journal of American Folk-Lore*, XXXII, 1919, pp. 168-76.

Massicotte, Édouard-Zotique
« Formulettes, rimettes et devinettes du Canada », *Journal of American Folk-lore*, volume 33, octobre-décembre 1920, p. 314.

Fonds Massicotte, fichier manuscrit aux archives de la Bibliothèque Nationale du Québec, Montréal, sous les articles « Proverbes, dictons, superstitions, locutions. »

Morin, Louis
Les Étapes de la vie des paroissiens de Saint-François, travail du cours Histoire 101, Collégial 1 A, texte polycopié, Collège Sainte-Anne-de-la-Pocatière, 1966.

Rioux, Marcel
Carnets d'enquêtes ethnologiques pour le compte du Musée National du Canada, manuscrits.

Roy, Carmen
Littérature orale en Gaspésie, Bulletin no. 134, Musée National du Canada, Ottawa, 1955, pp. 182-5.

Roy, Pierre-Georges
« Nos coutumes et nos traditions françaises », *Les Cahiers des Dix*, vol. 4, Montréal, 1939, pp. 59-118, p. 88 (« Proverbes à propos de noces »).

Société historique du Saguenay
Correspondance avec la Société historique. Séminaire de Chicoutimi, Chicoutimi.

Ont également été consultés pour l'élaboration de cet ouvrage diverses sources non manuscrites; parmi celles-ci, mentionnons des oeuvres cinématographiques telles «Les ordres» de Michel Brault, «Il y a toujours moyen de moyenner» de Denis Héroux, et «Les smattes», des oeuvres dramatiques québécoises: «Un simple soldat» de Marcel Dubé, «Aujourd'hui peut-être», pièce de Serge Sirois télédiffusée dans le cadre de la série «Les beaux dimanches» à Radio-Canada, le 17 mars 1974, «Le solarium», pièce radiophonique de André Ricard, diffusée sur les ondes de CBF-FM, le 11 octobre 1974; nos sources de référence incluent aussi plusieurs émissions télédiffusées et radiodiffusées régionalement et nationalement, dont la nomenclature serait trop longue à énumérer ici.

OUVRAGES CONSULTÉS

Bartlett, John
Familiar Quotations. Little, Brown and Co., Boston, Toronto, 1955.

Bélisle, Louis-Alexandre
Dictionnaire général de la langue française au Canada. Bélisle, Québec, 1957.

Chassany, Jean-Philippe
Dictionnaire de météorologie populaire, Maisonneuve et Larose, Paris, 1970, p. 54.

Finbert, Elian-J.
Dictionnaire des proverbes du monde. Laffont, Paris, 1965.

Godefroy, Frédéric
Dictionnaire de l'ancienne langue française, et de tous ses dialectes du IXe au XVe siècle, Vieweg, Paris, 1881, 10 tomes.

Ilg, Gérard
Proverbes français, suivis des équivalents en Allemand, Anglais, Espagnol, Italien, Néerlandais, Elsevier, Amsterdam, Londres, New-York, Princeton, 1960.

Lacourcière, Luc
«E.Z. Massicotte, son oeuvre folklorique», *Les Archives de Folklore.* 3, Fides, Montréal, 1948, p. 11.

Le Roux de Lincy
Le livre des proverbes français, Précédé de recherches historiques

sur les proverbes français et leur emploi dans la littérature du Moyen Âge et de la Renaissance, réimpression de l'édition de Paris, Slatkine Reprints, Genève, 1968, 2 vol.

Maloux, Maurice
Dictionnaire des proverbes, sentences et maximes, Larousse, Paris, 1960.

Marawski, Joseph
Proverbes français antérieurs au XVe siècle. Librairie · ancienne Honoré Champion, Paris, 1925.

Pineaux, Jacques
Proverbes et dictons français, collection «Que sais-je», Presses Universitaires de France, Paris, 1963.

Saint-Palaye, La Curne de
Dictionnaire historique de l'ancien langage françois, ou glossaire de la langue françoise depuis son origine jusqu'au siècle de Louis XIV, contenant: signification primitive et secondaire des vieux mots, étymologie des vieux mots, proverbes qui se trouvent dans nos poètes des XIIe, XIIIe et XIVe siècles, Champion, Paris et Fabre, Niort, 1875, 10 tomes.

Société du parler français au Canada
Glossaire du parler français au Canada, Presses de l'Université Laval, Québec, 1968.

INDEX

blé
(quand b. mûr) 341
bœuf
(chie le b., paille) 123
(pas qu'un b., taupin) 441
bœufs
(charrue devant b.) 251
bonheur
(de bonne heure, b.) 472
boire
(qui a b. boira) 163
(vin servi, b.) 192
bonheur
(amour fait b.) 48
(argent fait pas b.) 91
(l'argent fait b.) 92
(mariage, p'tit b.) 292
(malheur, b. de l'autre) 491
(malheur, pas le b.) 492
bonnet
(à qui le b. fait) 173
bottes
(b. d'un cochon) 27
(soldat meurt dans b.) 407
bouquet
(tartine mieux, b.) 129
bout
(vie par le bon b.) 551
bouts
(chandelle par deux b.) 476
brailleux
(ricaneux grand b.) 393
brasse
(mesure pas homme à b.) 429
brasser
(plus tu b. la marde) 373
canon
(c. pour écraser punaise) 306
capitaine
(avant d'être c.) 109
carosses
(bébés dans c.) 420
cartes
(chanceux aux c.) 55
(malchanceux aux c.) 56

casser
(c. ses œufs perd) 125
(craque ne c. pas) 440
cause
(juge dans sa c.) 262
caves
(c. en-dessous maisons) 235
ceinture
(renommée, c. dorée) 453
chacun
(c. son verre) 23
(c. sent son mal) 259
chaise
(pêche perd sa c.) 2
(laisse c. la perd) 3
(malheur, donner c.) 198
champ
(semence dans même c.) 438
champ
(le c. du voisin, beau) 496
chandelle
(pas brûler la c.) 476
chance
(c. sourit audacieux) 457
(maudit, jamais de c.) 509
charité
(c. n'a appauvri) 18
(c. par soi-même) 489
charrue
(c. devant les bœufs) 251
chasse
(as un chien à la c.) 340
chasseur
(bon c. sans chien) 409
chat
(quand c. parti) 112
(bon c. bon rat) 135
(c. échaudé) 212
(réveille pas c.) 371
(façon d'étrangler c.) 443
chats
(nuit, c. gris) 241
chaudron
(chaque c., couvert) 42

enfants
(vérité, bouche des e.) 7
(les e. s'amusent) 113
enseigne
(petite e., magasin) 87
entente
(meilleur e., procès) 270
entendre
(qui ne veut pas e.) 366
envie
(mieux e. que pitié) 504
épais
(rois avant é.) 417
épée
(table tue plus que l'é.) 339
épines
(si roses ont des é.) 86
(pas rose sans é.) 397
épingle
(au ciel avec l'é.) 557
erreur
(e. pas compte) 220
(e. humaine) 221
essayer
(qui n'e. rien) 459
essentiel
(l'e. c'est le ciel) 513
étudier
(é. mieux qu'ignorer) 170
évêque
(chien regarde é.) 431
exception
(e. confirme règle) 568
expérience
(e. passe science) 207
façon
(une f. d'étrangler) 443
faim
(f. fait sortir loup) 196
faire
(bien f. mieux dire) 560
faiseur
(parleur, petit f.) 358
famille
(linge sale en f.) 143

(un homme, une f.) 295
(cuisine, grosse f.) 307
farine
(f. de diable, en son) 555
faute
(f. avouée) 214
femme
(prend f. prend paroisse) 297
(parole de f.) 477
(ce que f. veut) 478
(bonne f. bon mari) 480
(homme, f. se repose) 481
fenêtres
(argent, sort par f.) 90
fer
(faut battre le f.) 342
fesses
(se serrer les f.) 330
(pour se serrer f.) 375
fête
(pas tous jours f.) 390
feu
(f. dans poêle) 13
(mettre fers au f.) 40
(maison sans f.) 46
(quand f. à maison) 200
(grand f. de paille) 253
(robe éteint f.) 544
fiel
(avec miel qu'avec f.) 146
fils
(père, f. prodigue) 70
filles
(la mère des f.) 63
(f. mariées, marieux) 229
(mieux dix f.) 482
fin
(vie, telle f.) 158
(veut f., moyens) 224
finir
(commence bien, f.) 162
fins
(arriver à ses f.) 223
fleurs
(f. poussent, fumier) 309

flots
   (qui vient de f.) 133
fois
   (manque coup une f.) 126
   (une f., pas coutume) 283
force
   (l'union fait la f.) 149
   (contre f., résistance) 400
forgeron
   (en forgeant, f.) 209
fort
   (plus f. la poche) 398
   (plus f. meilleur) 399
fous
   (f. changent d'idée) 35
   (f. pas dans asiles) 233
   (plus on est de f.) 386
fricot
   (f. chez nous) 336
frotter
   (s'y f. pique) 502
fruit
   (quand f. mûr) 184
fumée
   (pas. f. sans feu) 122
« fun »
   (fous, plus « fun ») 386
gagnant
   (g. en chemise) 272
gagner
   (qui g. perd) 404
   (perd tout voulant g.) 464
galette
   (faute de pain, g.) 322
garçon
   (vieux g., cochon) 288
garder
   (g. les cochons) 150
gêne
   (où g., pas plaisir) 387
gens
   (que de sottes g.) 537
goûts
   (g. pas à discuter) 432

grimace
   (vieux singe, g.) 208
graisse
   (sauve la g.) 201
gratter
   (plus on g., démange) 374
guenille
   (torchon trouve g.) 43
guérir
   (mieux prévenir que g.) 277
guerre
   (g. sans qu'il coûte) 141
   (à g. comme à g.) 177
habit
   (l'amour en h.) 64
   (h. fait pas moine) 78
   (pas l'oiseau à l'h.) 79
habitudes
   (qui change ses h.) 553
haches
   si chiens chiaient h.) 517
haine
   (h. meurt, amour) 58
hanter
   (qui tu h., tu es) 74
herbe
   (mauvaise h. pousse) 428
héros
   (h. aujourd'hui, demain) 455
heure
   (avant l'h. pas l'h.) 523
heureux
   (quand on est h.) 119
hiver
   (laisse sa chaise l'h.) 3
   (après h., débâcle) 326
homme
   (l'h. propose) 187
   (un h., une famille) 295
   (un mot, pendre un h.) 356
   (pas un h. à la brasse) 429
   (l'h. propose, femme) 481
   (où de l'h., hommerie) 486
   (travail, mourir son h.) 530

mains
(m. froides, cœur) 85
mains
(jeu de m., de vilain) 572
maisons
(en-dessous des m.) 235
maître
(l'ambition, mourir m.) 38
(vérité à son m.) 550
mal
(chacun sent son m.) 259
(le m. de l'un) 493
malade
(être m., demi mal) 469
(c'est déjà être m.) 475
malheur
(m. attire autre) 197
(m. entre dans maison) 198
(quelque chose m. bon) 199
(m. de l'un, bonheur) 491
(m., pas le bonheur) 492
malheureux
(quand heureux, m.) 119
mangeant
(l'appétit en m.) 538
manger
(aux noces sans m.) 219
(m. ton pain blanc) 318
(si vous m. du curé) 350
manne
(quand la m. passe) 343
marchandises
(toutes m. vantées) 346
marcher
(on m. de travers) 131
marde
(bien en harbe, de la m.) 252
mardi
(qui rit m. pleure) 395
marée
(vient flots, va m.) 133
mari
(prend m. prend pays) 294
(bonne femme, bon m.) 480

mariage
(tel on prépare m.) 289
(m. c'est brassement) 291
(m. p'tit bonheur) 292
(se) marier
(m.-toi, bien) 287
marieux
(filles mariées, m.) 229
marmite
(m. bouille fort) 137
(qui bout dans sa m.) 263
(m. du voisin) 497
(la m. du voisin) 498
matelot
(avant capitaine, m.) 109
matin
(coq qui chante le m.) 353
matinée
(faire c't'a m.) 275
maudire
(m. n'importe quoi) 509
maux
(grands m., remèdes) 195
« me »
(m., myself and I) 258
médaille
(voir côtés de la m.) 435
médecin
(m. n'entre pas) 471
meilleur
(plus fort, m.) 399
mémoire
(courte m., jambe) 239
menteur
(m., vanteur) 297
(m. c'est un voleur) 299
mentir
(m. c'est mourir) 296
(a beau m.) 300
mère
(telle m., telle fille) 69
(la m. des filles) 63
mesure
(quand m. est comble) 136

messe
(on dit pas la m.) 365
métier
(chacun son m.) 264
(vingt fois sur m.) 381
métiers
(pas de sots m.) 537
(trente-six m.) 545
mettre
(bonnet fait, le m.) 173
(poche, qui m. dedans) 559
meubles
(sauvez les m.) 118
mie
(croûte avant la m.) 202
miel
(abeille n'amasse pas m.) 535
minutes
(cinq m. assis) 411
misère
(m. pas pour chiens) 314
misères
(trente-six m.) 545
moine
(habit fait pas m.) 78
moments
(vie a de bons m.) 324
monde
(amoureux seuls au m.) 45
(pas plaire à tout le m.) 66
(soleil pour tout le m.) 260
(toute sorte de m.) 261
(m., beurrée de marde) 308
(toute sorte de m.) 445
(se défier de tout le m.) 499
montagnes
(m. se rencontrent pas) 139
monter
(qui m. doit redescendre) 180
monture
(ménage sa m.) 470
mort
(m. souhaitée) 332
morts
(déterre pas les m.) 368

morveux
(se sent m. se mouche) 172
mot
(avec un m., un homme) 336
(ne dit m. consent) 349
mouches
(pas m. avec vinaigre) 145
(plus m. avec miel) 146
mourir
(partir c'est m.) 132
(m. comme on a vécu) 160
(m. par où tu as péché) 222
(mentir c'est m.) 296
(mieux souffrir que m.) 328
(rire avant de m.) 392
(m. c'est pire) 469
(m. la vache) 562
mousse
(pierre, pas m.) 116
moyenner
(toujours moyen de m.) 225
moyens
(tous les m. bons) 223
(fin veut m.) 224
mûr
(quand fruit m.) 184
(quand le blé est m.) 341
murs
(m. ont des oreilles) 362
nager
(on est à l'eau, n.) 193
naturel
(chassez le n.) 569
navet
(du sang d'un n.) 566
(être) né
(n. pour petit pain) 313
neige
(n. sur la couverture) 13
nez
(avoine, pétera au n.) 26
(tombe sur le n.) 217
(gros n., visage) 419
(n. plus long, senteur) 500
(bout du n.) 521

parler
  (p., p. il restera) 357
  (trop p. nuit) 359
  (avant de p.) 361
Paris
  (P. pas en un jour) 379
paroisse
  (femme prend p.) 293
  (prêche pour p.) 490
parole
  (silence d'or, p.) 348
  (p. de femme) 477
paroles
  (p. s'envolent) 347
part
  (vaisseau, petite p.) 405
  (faire la p. des choses) 436
partir
  (p. c'est mourir) 132
pas
  (premier p., coûte) 194
passé
  (p. est p.) 367
  (temps p. revient pas) 369
patience
  (avec de la p.) 378
patte
  (chaque p. veut clou) 433
pauvre
  (au p., au bon Dieu) 19
pauvre
  (p. prête à Dieu) 20
pauvres
  (p., amis de Dieu) 316
pauvreté
  (p. pas vice) 311
payer
  (p., serez considéré) 101
  (casse vitres, les p.) 213
  (veut honneurs les p.) 304
pays
  (l'argent contrôle le p.) 105
  (prophète dans son p.) 130
  (prend mari prend p.) 294
  (chaque p. son monde) 444

peau
  (dans sa p. crapaud) 164
  (vendre la p. de l'ours) 244
  (plus réduit à sa peau) 310
pêche
  (p. perd sa chaise) 2
péché
  (par où tu as p.) 222
pêcheur
  (bon p., menteur) 298
  (p. dans sa barque) 408
peine
  (chaque jour suffit p.) 317
  (rien sans p.) 529
  (la p. emporte profit) 543
pendu
  (dans la maison d'un p.) 370
penser
  (à p., pensu) 171
perdre
  (qui gagne p.) 404
  (p., voulant gagner) 464
perdue
  (une de p.) 68
père
  (tel p. tel fils) 69
  (à p. avare, fils) 70
pères
  (à terre les p.) 456
périr
  (qui se mettra homici p.) 331
  (s'expose au danger p.) 461
personne
  (p. avertie, deux) 167
  (p. vertueuse) 414
perte
  (p. d'argent pas mortelle) 98
pétaques
  (p., pas grosses) 315
péter
  (laissons p. renard) 179
  (p. plus haut que trou) 345
petit
  (besoin, plus p.) 16

peur
(t'as p. de Ti-Paul) 466
piastres
(sous, on fait les p.) 93
pierre
p. qui roule, ousse) 116
pipe
(p. avec tabac) 418
piquer
(s'y frotte s'y p.) 502
piquets
(planter les p.) 246
pisser
(bon chien fait p.) 410
pitié
(mieux envie que p.) 504
place
(chien, perd sa p.) 1
(quitte sa p. la perd) 4
plaire
(p. à tout le monde) 66
plaisir
(ça fait p.) 24
(où gêne pas de p.) 387
(p. sans peines) 528
plancher
(p., appartient point) 131
pleurer
(rire aujourd'hui p.) 396
pluie
(après p., beau temps) 325
plumage
(pas p. fait l'oiseau) 83
(le p. fait l'oiseau) 81
plumes
(l'oiseau, toutes ses p.) 558
poche
(p. pleine, renverse) 37
(plus fort la p.) 398
(qui tient p.) 559
poêle
(préparer le p.) 247
point
(faute d'un p.) 41

poire
(se garder une p.) 94
porte
(devant de ta p.) 488
(prêche pour p.) 490
pots
(petits p., onguents) 427
poule
(p. qui cacasse pond) 354
(coq gratte, p. ramasse) 484
(p. comme coq) 485
poulets
(compter ses p.) 242
poussière
(p. avant le balai) 416
pouvoir
(le p., le vouloir) 564
premier
(p. arrivé p. servi) 401
(dernier mieux que p.) 403
préparer
(tel on p. son mariage) 289
prévenir
(vaut mieux p.) 277
prier
(on ne p. pas) 25
princes
(singes avant p.) 426
printemps
(rossignol fait pas p.) 254
(au p., loups maigres) 323
prix
(marchandises perdent p.) 346
procès
(arrangement, meilleur p.) 269
(meilleure entente, p.) 270
procès
(d'un p., le gagnant) 371
profit
(débit fait p.) 103
(peine emporte p.) 543
profiter
(bien, p. jamais) 556
prophète
(p. dans son pays) 130

valet
(quand v., pas roi) 110
valeur
(v. nombre des années) 6
(secret perd sa v.) 505
vanteur
(menteur, v.) 297
vaurien
(un v. demain) 455
veau
(faire corde avant v.) 245
(on liche son v.) 541
veaux
(bonne vache, chéti v.) 75
vent
(sème v., récolte tempête) 140
(emporte le v.) 174
(pas de mauvais v.) 511
ventre
(dans le v. du bedeau) 268
(v. vide, pas d'oreilles) 321
(les hommes par le v.) 337
vérité
(v., bouche des enfants) 7
(v. n'est pas bonne) 548
(la v. choque) 549
(la v. à son maître) 550
verre
(chacun son v.) 256
(v. n'est pas grand) 257
(qui a un toit de v.) 506
vicaire
(pourquoi voir v.) 107
vice
(pauvreté n'est pas v.) 311
vices
(paresse mère de v.) 413
vie
(telle v. telle fin) 158
(v. a de bons moments) 324
(mort, v. prolongée) 332
(la v. par le bon bout) 551
(la v. est un combat) 552
vieillards
(temps, que des v.) 211

vieillesse
(si v. pouvait) 8
vieillesse
(v. pour mourir) 9
(voyages déforment v.) 10
vieux
(v. meurt de vieillesse) 330
vin
(puisque le v. est servi) 192
vinaigre
(pas de mouches avec v.) 145
violon
(plus vite que le v.) 248
visage
(gros nez, beau v.) 419
vitres
(qui casse les v.) 213
vivre
(qui v. verra) 178
(pour v. longtemps) 430
voile
(mettre la v.) 191
voisin
(attend après v.) 487
(paille, l'œil du v.) 494
(champ du v.) 496
(la marmite du v.) 498
voler
(qui v. un œuf) 560
voleur
(menteur, v.) 299
(v. qui vole) 561
vouloir
(qui v. peut) 563
(pouvoir, moins que v.) 564
voyages
(v. forment la jeunesse) 10
(v. de maîtres) 114
voyou
(un v. trouve sa voyelle) 45
yeux
(avoir y., panse) 36
(loin des y., cœur) 67
(mieux voient quatre y.) 152

218

TABLE DES MATIÈRES

**Achevé d'imprimer par les travailleurs
des ateliers Marquis Limitée de Montmagny
le dix-huit février mil neuf cent quatre-vingt**